U0060802

世界公民叢書

未來的，全人類觀點

Self-Help（自助）類型書籍的始祖

美國夢的靈魂、個人奮鬥的精神目標

卡內基的精神導師、西方的成功學之父

作者◎山繆爾・斯邁爾斯 Samuel Smiles

譯者◎邱振訓

斯邁爾斯（Samuel Smiles）一系列的著作，可以說是今天盛行的"Self Help"書籍的濫觴。

《自己拯救自己》（*Self Help*）被譽為「個人奮鬥的精神目標」，他的另一本書《品格的力量》（*Character*）亦由本公司出版，則被譽為「人格修練的聖經」。斯邁爾斯這兩本書雖然已出版了百年以上，卻仍是這一文類的代表，具有經典價值，不斷的在全世界各地再版重印。

《自己拯救自己》全書共有十三章，舉各種行業中之傑出人物為典範，例如實業界、科學界、藝術界……等等，本書僅挑選其中四章出版，皆是論述成功的幾項人格特質，如品格、毅力、勇氣以及自助觀念與習慣的養成。

人類自有歷史以來所標舉的一些崇高的精神價值，是不會隨時間改變或消失的，斯邁爾斯的著作也因此在每一世代中都不會被忘記。

自己拯救自己

Self-Help

【目錄】本書總頁數共192頁

的刻苦努力之外別無他途。

・尊敬我自己，發展我自己——這是我人生的真正責任。

・最偉大的事物經常誕生於困頓之中，成長於憂患之間，總是在重重阻礙中建立起來。

・解決一個問題能夠讓人學會如何解決另一個問題；這種知識才叫學以致用。

・一次專心做好一件事的人，做的比所有人都多。

・高尚的人民會受到高尚的統治，而無知的人民則會受到無知腐敗的統治。

・最不堪的奴隸不是服侍暴君，而是束縛於自身的無知、自私和墮落。

・藉由自尊與自立，即使是最卑微的人，也能夠為自己掙得誠實的報酬，與尊貴的名聲。

能使國家興盛的，使國家富強的，
使國家有尊嚴的，能發揮國家力量的，
為國家創造道德教化的，
讓國家受尊重，讓國家孚眾望，
讓百姓感佩，讓諸民族心悅誠服的

這種尊貴不是源於貴族血統，也不是一時的風靡，
更不是因稟賦而稱貴；
乃是貴在品行的高潔。
這才是真正為人的光榮。

——泰晤士報

山繆爾・斯邁爾斯（Samuel Smiles）其人其事

／邱振訓

山繆爾・斯邁爾斯（Samuel Smiles）於一八一二年十二月二十三日出生在蘇格蘭的哈丁頓（Haddington），父親山繆爾是位性格寬厚的製紙商，山繆爾二世在家中排行老三，下頭還有八個弟妹。他從小便在雙親以改革長老教會勤儉刻苦的宗教背景下成長，童年生活並不算愉快。然而，他的父親卻非常重視孩子的教育，即使縮衣節食也要讓孩子受到完整的教育。教育能夠改變一個人，這句話實在萬分不假。受過學校教育的山繆爾最終放棄了改革長老教派的主張，投入了啟蒙理性的懷抱。

可是在學校裡，老師哈迪先生（Mr. Patrick Hardie）卻是個殘酷的暴君；他死板的嚴格管束，讓小山繆爾心中明白了「學習並不能從暴虐的鞭笞中進步」的道理。斯邁爾斯在十四歲時離開了學校，到勒文斯醫生（Dr. Robert Lewins）身邊當學徒。他的學徒生涯收穫頗豐，不僅經常撥空到圖書館借書閱讀，從前人的經驗中獲得借鏡參考——例如卡萊爾（Thomas Carlyle）對生產與工作的熱情，種下了斯邁爾斯日後「自助」觀念的種子——更學習法文、拉丁文等外語，令他學識大開，而工作也讓他足以攢夠學費，在一八二九年申請入愛丁堡大學學醫。在大學期間，斯邁爾斯首次接觸到議會改革，此後便積極參與，就學期間經常在當時頗為激進的《愛丁堡每週紀事》（*Edinburgh Weekly Chronicle*）上發表文章。

二十歲時，斯邁爾斯遭逢父喪，身為長子的他，一肩扛起了照養手足的責任，而其勤儉正直的品行在此時奠下了穩固根基。一八三二年，自醫學院畢業後，斯邁爾斯開始職業從醫，但他對政治的興趣卻未曾消退。他在一八三七年投書《利茲時報》（*Leeds Times*），倡言議會改革，文章見報後深獲肯定，隔年便毅然離開醫界，應邀擔任該報編輯。在擔任《利茲時報》編輯期間，斯邁爾斯經常發表自己反對貴族政制的主張，提倡應聯合工人與中產階級共同改革議會組織的看法；這些意見在推動當時工廠立法上深具影響。一八四〇年，斯邁爾斯擔任利茲議會改革協會（Leeds Parliament Reform Association）的秘書長。但是在任職期間，他逐漸對協會所主張的憲章主義感到質疑；雖然身為秘書長，他必須致力推廣協會思想學說，但他對於奧康諾（Feargus O'Connor）、韓梅（George Julian Hamey）等人日俱影響的武力改革主張頗為憂心。有感於此，斯邁爾斯不禁大聲疾呼：「單單是政治改革，還是無法消除使現今社會飽受煩擾的重重業障。」自此開始，他逐漸將重心放在個人品格的提升，蘊釀「自助」的思想。

另一方面，報社編輯的薪水相當微薄，斯邁爾斯因此在一八四三年重拾舊業，替人看診。當年年底，他娶了莎拉・安・福爾摩斯（Sarah Ann Holmes）為妻，頓時更覺經濟拮据，必須另謀生計。一八四五年，斯邁爾斯離開報社職務，轉到利茲與特斯克鐵道公司擔任秘書。這份工作雖然待遇不算優厚，卻讓他獲得前所未有的經濟保障。既無後顧之憂，斯邁爾斯便開始發展他文藝寫作方面的興趣，頻頻在各期刊雜誌上發表文章。

一八五四年，斯邁爾斯移居倫敦布拉克希思區，此時他徹底放棄了對議會改革的熱中，認為唯有靠著以自助精神建立起來的品格，才能夠真正帶領個人與社會走向成功富足的康莊大道。當時，工業革命已為社會各方面帶來長足的進步，各行各業都蓬勃發展，中產階級急速竄起，斯邁爾斯肯定城市建設與機械科技的發展，卻也關注這些發展對人心的影響，擔心人們易於在這方興未艾的物質洪流中迷失方向。他大聲疾呼人民品格應當如何形塑，強調中產階級所重視的勤勉努力與節儉獨立，儼然成為中產階級價值的最佳發言人。他跟隨著歐文（Robert Owen）與哲學家彌爾（John Stuart Mill）的腳步，對保障個人自由基礎與社會穩固的核心價值極為重視。

當時，工業革命不僅帶動經濟繁榮與都市成長，同時也造成貧富差距逐漸拉大的情況。勞工階級在奮力工作的同時，卻不能享有相應的經濟保障。共產主義之父馬克思將此歸因於資產階級的剝削，構想出弭平階級差異的共產主義；而斯邁爾斯則在實際參與政治改革活動中體認到，當人的品格失去衡準的重心，僅僅是制度上的改革一方面可能抑制了積極的動力，只會使人更受奴役，另一方面則會使人的自由尊嚴也將日漸凋零，因此勢不可行。因此他想方設法重建人心中的道德價值，恢復紳士君子所應具的品格，《自己拯救自己》一書正是在這樣的背景下應運而生。亞里斯多德曾說過，道德是幸福的必要條件；而我們從斯邁爾斯這本書中更可以發現，品格更是道德的具體實踐！

斯邁爾斯開始在各種場合宣講這些理念，同時也著手撰書立說。他一面讀書研究，一面與各界人物交遊，好獲取知識。一八五七年，斯邁爾斯出版了《喬治．史蒂文生傳》，大獲成功，這讓斯邁爾斯對著書立說有了更濃厚的興趣與更堅定的信心。一八五九年，斯邁爾斯將過去對利茲互助增進學會的演講文稿潤飾整理，改寫成為《自己拯救自己》付梓出版，結果深受好評，一時洛陽紙貴。受此鼓舞，斯邁爾斯後來又接著寫了《品格的力量》與《人生的職責》（*Duty*）等膾炙人口的勵志書籍，更編纂了許多靠著辛勤工作，終於能夠出人頭地的人物傳記，包括《工程師列傳》（*Lives of the Engineers*）等等。

然而，《自己拯救自己》的出版過程並不算順利。斯邁爾斯在一八五五年將手稿送往路特李奇出版公司（Routledge & Co.）出版，卻遭到拒絕。四年後，總算獲由約翰．莫瑞（John Morray）出版社刊行，甫一出版，便受到熱烈歡迎，在社會各界引起了巨大迴響，更成為當年度文學作品代表，與彌爾的《論自由》（*On Liberty*）等經典著作齊頭並列。《自己拯救自己》在斯邁爾斯生前已被譯為荷蘭文、法文、德文、義大利文、日文、克羅埃西亞文、捷克文、阿拉伯文、土耳其文與數種印度方言相繼出版，於世界各地出版，不斷重刊。斯邁爾斯對於敬重、勤勉、節儉、品格、獨立等人格特質的強調，影響了今人對於工業革命時代的人群生活，以及所謂維多利亞王朝的認識。

當然，斯邁爾斯的著作也屢遭後人批評，認為他為了支持自己的主張，在作品取材上有失偏頗，莫里斯（R. J. Morris）更稱他所描繪的理想為「小中產階級的烏托邦」。斯邁爾斯對女性的態度也與今日大異其趣，女性被斯邁爾斯僅僅當作是「在辛勤的男人背後默默支撐的雙手」。但撇開這些當時的流行見解與其個人目的不談，不可否認的是斯邁爾斯的這些作品，對維多利亞時代的風俗民情與道德教訓都做了極為詳實的描寫，更對任何時代的人們，在面臨由科技與經濟發展所帶來的未知將來時，提供了永恆的指標。

斯邁爾斯的《自己拯救自己》影響所及，包括現今紅極一時的「新世紀」、「正面思考」、「改變人生」等文類均受恩霑，甚至連著名脫口秀主持歐普拉（Oprah）也被拿來與他相較；斯邁爾斯因而被譽為催人奮發向上的「卡內基的精神導師」、「西方的成功學之父」。然而，他的自助概念卻與上述這些有所不同；斯邁爾斯所設想的「個人」，是一種充滿精力、積極奮發的人物，不是只會坐在電視機旁收看節目，或是只賴在沙發上翻閱自我成長書籍的現代人。唯有注意這點分別，才能夠領會書中真意，也才能夠真正奮起自助助人。《易經．繫辭》中所謂「天行健，君子以自強不息」，正是這番道理。

斯邁爾斯在一八六六年離開鐵道公司，到保險公司任職。一八七一年，因過度勞累而中風，並罹患失語症；但他仍不肯放棄對寫作的熱情。歷經喪女之痛後，他在一八七五年仍出版了《節儉》（*Thrift*）一書。一九〇〇年，愛妻莎拉亦棄他而去。

一九〇四年四月十六日，斯邁爾斯以九十二歲高齡安然辭世，為他一生的漂泊與無數著作劃下了句點，並留予後人無價的珍貴遺產——自助精神。

品格，使人成爲紳士

Character ——the True Gentleman

謹言慎行或許可以欺瞞一時，
正直卻永遠沒有破綻。

編按：Gentleman 紳士一詞，與中文相應的語意為「君子」，本文譯為「紳士」

孰能生生永不息？
千百人心長相憶，
仍是遠過無不及，
温文儒雅正如伊。

望之儼然恆如一，
無論工作或交誼；
行止崇高若蘭馨，
唯有出其高貴心。

高風亮節千古評，
謙謙君子如其名。

——丁尼生（Tennyson）

在沉默中形成的天賦，
是屹立於世界洪流中的品格。

——歌德

「能使國家興盛的，使國家富強的，使國家有尊嚴的，能發揮國家力量的，為國家創造道德教化的，讓國家受尊重，讓國家孚眾望，讓百姓感佩，讓諸民族心悅誠服的——令人順服的憑藉、尊榮的根源、真正的王座、皇冠與權杖——這種尊貴不是源於貴族血統，也不是一時的風靡，更不是因稟賦而稱貴；而是貴在品行的高潔。這才是真正為人的光榮。」——泰晤士報

生命的榮耀與輝煌就在於品格。品格是一個人最可貴的資產，尊榮自成，寓於普遍的良心之中；它使每個身分都有尊嚴，更讓社會中所有階級獲得提升。它比財富更具力量，並令所有榮譽免受盛名之累。品格所造成的影響無遠弗屆；因為它本身就是榮譽、正直與一致的成果——而這些品行，或許可說是最受人類信賴與尊重的特質了。

品格是人性的最佳樣貌，也是個人道德情操的具體實現。有品格的人不僅是社會的良心，更是每個良好國家中的最佳動力；**領導世界的最主要力量，就是道德**。拿破崙也說過，即使打起仗來，心靈對肉體也好像十個對一個一樣，佔盡優勢。國家的力量、資本與文明——全都建立在個人的品格上；穩固文明的根基也正在於此，而典章制度不過是其延伸的產物。在自然正義的均衡下，個人、國家與種族都會獲得自身應得的果報，恰如其分。況且，正所謂凡果必有因，人民的品格也會產生與其相應的結果。

儘管一個人所受教養不高，能力不佳，家無恆產，但是只要他擁有良好純正的品格，無論他是工人、做會計、當商人，或是議員，永遠都能發揮影響力。坎寧（Canning）①在一八〇一年睿智地寫道：「我走的必定是透過品格才能獲得權力之路；我不會採旁門左道；而且我對這條路充滿信心，儘管這或許不是最短的捷徑，卻是最妥當的門路。」

你或許會欽佩聰明的人，但在信賴他們前卻有些東西比聰明才智更形緊要。因此，羅素閣下（Lord John Russell）說的這番話，確實是顛撲不破：「**英國人的天性就是會尋求智者的幫助，卻服從仁者的領導。**」已故的霍納（Francis Horner）②被史密斯（Sydney Smith）③贊為以十誡當作其行止典範的人。他一生所照耀出來的珍貴光輝，激勵了所有正直的青年。他三十八歲便英年早逝；但他卻比任何平民都更具公共影響力；他身後深受眾人欽佩、愛戴、信賴與惋惜，但這並不包括那些毫無人性的卑劣傢伙。國會對他所表達的無限尊崇，沒有任何一位已故議員能與之相比。每個年輕人都會問——這是怎麼辦到的？是由於出身階級嗎？他只是一名愛丁堡商人之子罷了。那是靠財富嗎？但他或他的親友，全都身無分文。是靠著他的職位嗎？他只做過幾年工作，既非要職，更無高薪。靠他的天份嗎？他毫不傑出，也非天才。靠他的口才嗎？他說起話來四平八穩，沒有一絲演說家出色動人的口才。是靠著舉止魅力嗎？他不過是做對的事，而且始終如一。那麼，究竟是靠著什麼呢？僅僅只靠著他的良知、勤奮、對善的執著與一副好心腸——這是任何心智健全的人都能辦到的特質。是他品格的力量造就了他；這樣的品格並非生來就烙印在他的本性上，而是憑著他自己，不靠任何花樣所打造出來的。眾議院裡，有許多能力口才遠勝於他的人物，但沒有一位可以在將這些能力與道德操守結合起來這件事上贏得過他。

霍納此生展現了一個平凡人在不靠任何事物（除了教化與良善之外）之助，

甚至連他所具備的能力都必須在政治生活的嫉妒與競爭的情況下，能做到多大成就的亙古典範。

富蘭克林（Franklin）也同樣不把他在政治生涯上的成功歸因於他的天賦或演說能力——因為他這些能力並不出眾——而是歸諸他廣為人知的健全品格。正因如此，他才說道：「同胞們如此倚重著我。我不過是個差勁的演講者，毫無辯才，謹慎斟酌遣詞用字，言語常有疏漏，但我始終能呈現出我的論點來。」品格可以提供個人的信心，對於上位者如此，對貧賤者亦然。據說俄國第一任皇帝亞歷山大（Alexander）的品格同他個人的體魄一樣強健。在投石黨（Fronde）④內戰中，蒙田（Montaigne）是法國望族中唯一將自己城堡門戶大開的一個；據說這是由於他個人的品格比千軍萬馬更能作為屏障。

品格就是力量，這比「知識即是力量」更加千真萬確。**喪失良知的心靈，缺乏規範的才智，欠缺良善的精明，確實各有其力量，但這些不過是為禍作亂的力量。**我們或許會受這些力量吸引迷惑；但有時候我們難以對這些才能感到欽慕，就像我們很難贊同扒手的靈巧或是劫匪的騎術一樣。

真誠、正直與善良是形成了君子品格的本質，要擁有這些特質並不會難到要人的性命，擁有這些特質的人，結合堅決的心志，就能帶給他沛然莫之能禦的力量。他能夠堅強地行善除惡，在面臨困境與不幸時仍能勇於承擔。科隆納的斯德望五世（Stephen of Colonna）落入卑劣的敵人手中後，他們嘲笑他：「如今你的堡壘在哪裡？」他將手放在心口，勇敢地答道：「就在這裡。」正直君子的人格在不幸中更會熠熠生輝；即便已經一敗塗地，他還是能以其正直與勇氣昂然而立。

以獨立為原則，並對追求真理一絲不苟的厄斯金閣下（Lord Erskine）所遵循的行為規範，值得深深銘刻在每個年輕人的心上。他說：「我在青年時，接獲的第一個要求與建議，就是永遠要去做良心說該做的事，至於結果就留給上帝決定吧。我至死都會記得這個忠告，而且戮力以赴。迄今我仍遵循著這建言，而且我沒有理由認為這般服從是種暫時的犧牲。相反地，我發現這才是通往興盛富裕之路，我也會為我的子女們在追尋目標時指出這同一條路。」

每個人都必定會把擁有良好品格當作是人生最崇高的目標之一。以正確的方式來達成這目標的努力，會讓人產生奮發的動機；而他對仁人君子的觀念，在成為君子的過程中也會使他的動機更加穩定、更有活力。即使我們未必能夠完全實現，但為人生設定高標準仍然是件好事。前英國首相迪斯列里（Disraeli, 1804-1881）先生說：**「青年人！不思進取就會妄自菲薄；不能翱翔的靈魂，註定要終日匍匐。」**英國詩人賀伯（George Herbert, 1593-1633）這段話寫得深刻：

爾若慎行志高崇，
定能謙沖性寬宏。
不落凡心意凌雲，
遠勝目光放梧桐。

對生命與思想訂下高標準的人，也必定會比其他胸無大志的人過得更好。蘇格蘭諺語有云：「緊拽黃金袍，至少得袖套。」為了崇高理想奮鬥的人，所能達到的境界絕對比他起步時更加高尚；儘管最後結局未必能盡如人意，但這股奮起的努力絕對永遠有益。

儘管有許多特質貌似品格，但真正的品格卻難以冒充。有些人深知品格的金錢價值，便會假冒這份名望來招搖撞騙。查特瑞斯上校（Colonel Charteris）曾對一個以誠實著稱的人說：「我想用一千英鎊來買你的好名聲。」「為什麼呢？」這個狡猾的人答道：「因為我可以用這名聲賺到一萬英鎊。」

言行正直是品格的骨幹；忠於事實則是其最主要的特徵。行動所涵蘊的真理不下於言語，這乃是正直品格的要素。一個人的樣貌必定如其心中所願。有一位美國紳士寫信給英國反奴之父沙波（Granville Sharp, 1735-1813），說他因為感佩沙波偉大的德行，便以他的名字為孩子命名，沙波獲知後回信道：「為了不負這個名字，我必須請您教給他一條我們家族的金科玉律——**永遠都要為了你真心希望的形象而努力**。這條格律是由我父親傳下來的，而這條格律他的父親也奉行唯謹，持守不渝，其心坦蕩誠實，因而成就了他人品特質，在公眾生活如此，在私人生活亦然。」尊重自己，並尊重他人的人，都會踐行這條格律——

對他該做的事戮力以赴——在他的所作所為中表現出最崇高的品行，絕不草率行事，並以其正直良心為榮。

有一次，克倫威爾對精明卻有點狡猾的律師伯納德（Bernard）說：「我知道你對最近的行止頗感警惕；但不要太過以此自滿；**謹言慎行或許可以欺瞞一時，正直卻永遠沒有破綻。**」言行不一的人得不到他人的敬重，他們所說的話毫不足取；即使是真理，從他們口中說出來彷彿也遭受玷辱。

真正有品格的人無論私下或公開，總是行正確的事。有個教養良好的小男孩被問到為什麼在旁人沒看到的時候不偷拿幾顆梨子呢？他答道：「有啊，那裡的確有人：我正在監視著我自己；而且我絕不願見到自己做出不誠實的事。」這故事直接了當地展現出主宰品格的良心原則，以及對此原則的尊崇與守護；這不僅僅是一種被動影響，而是規範生命的主動力量。這樣的原則無時無刻地形塑著品格，而且每分每秒都萌生並發揮出一股力量。沒有這重要的作用，品格將會徬徨無助，總是易於屈從在誘惑面前；而每個誘惑、每個卑鄙或不誠實的作為，無論多麼細微，都會導致自我沉淪。這與作為成功與否或者是否有人察覺無關；犯下過錯的人再也不是過去那同一個人，而成了另外一個人了；而他也將被潛藏的不安、自我譴責，或是我們說良知的作用苦苦相逼——而這正是犯下過錯後無可避免的惡果。

我們也可以發現透過培養良好習慣對於強化與支持品格的助益有多大。常言道，人是習慣的總和；習慣就是第二天性。義大利作家、詩人梅塔斯塔齊奧（Metastasio, 1698-1782）對於重複行動及言語的力量深信不疑，他說：「**一切事物都是人的習慣，甚至包括德行本身。**」英國傳道士、道德哲學家巴特勒（Butler, 1692-1752）在其《類比》（*Analogy*）一書中深刻描繪了謹慎自律及堅決抵抗誘惑的重要性，並指出這能使德行成為習慣，最終也將易於成聖成賢，而不至於作姦犯科，他說：「身體的習慣要靠外在的行動養成，心靈的習慣則要靠執行內心的實在目標，也就是實踐這些目標，或者透過這些原則來實踐作為——也就是服從、誠實、公正與慈愛的原則。」

還有，英國政治家布洛罕（Lord Brougham, 1778-1868）在對年輕人強調養成訓練與示範的無比重要時曾說過：「**習慣能讓一切事物變得容易，讓一切困難遠離常軌。**」可見，養成清醒的習慣，就能厭惡酗酒；養成明智的習慣，就能免於莽撞放蕩。因此，更必須要格外留心謹慎，預防任何不良習慣入侵；因為人格總是在曾經讓步之處最顯脆弱，而要重新培養可得花上許久時間。有位俄羅斯作家說得好：「**習慣是串珍珠項鍊：掇去一顆，整串就散了。**」

習慣一經養成，便會不自主地發生作用，不須費力；而且只有在你想要對抗時，你才會發現它有多麼難纏。任何事情做過一次又一次，很快就變得簡單從容。**習慣起初看來並不比蜘蛛網更加堅固；而一旦養成，卻比鐵鍊更加牢靠。生命中的許多小事，分別來看或許無足輕重，正如雪花紛紛，落地無聲；但一經積累，這些雪花也可能釀成雪崩。**

自尊、自助、勤奮、努力與正直——它們的本質都是習慣，而非僅為信念。事實上，原則不過是我們對習慣的一種稱呼罷了；因為原則只是言辭，但習慣卻是事實：人要成為慈善家或暴君，端看他們一直行善或為惡。也正因此，隨著我們年齡增長，我們自由行動的能力與獨特性也逐漸受習慣所限制；我們的行動會成為命運的本質；我們也因此被縛於自己焊成的鍊條之中。

年輕時就該培養德行習慣，此時正是最易形成的階段，一旦養成就能奉行終身；就好比刻在樹皮上的字跡，隨著樹木成長，字跡也會隨之增大加寬。起始就蘊含了結果；在生命的起點就決定了旅程的方向與目的地；萬事起頭難（ce n'est que le premier pas qui coûte）。「記住，」英國海軍元帥柯靈烏（Lord Collingwood, 1748-1810）對一名他關愛的青年說：「在你二十五歲前，必須為自己建立一個可以終身受用的品格。」正如習慣會隨年齡而增強，品格也會隨之定型，任何新的轉向都會愈來愈形困難。因此，忘卻常比學習難；希臘長笛手也用同樣的理由，向曾受他人拙劣指導的學生收取兩倍費用。**根除舊習有時是件比拔牙更加痛苦、更加困難的事**。不妨試著去改變懶漢、小人與醉漢看看，大多數情況會失敗。因為每個習慣都已緊纏生命不放，直到成為生命本身的一部份，再也無法剔除。最睿智的習慣就是重視養成良好習慣的習慣。

即使是快樂本身，也能變成一種習慣。有看事物光明面的習慣，也有看事物黑暗面的習慣。**看事物光明面的習慣比一年一千英鎊的收入對人更有價值。快樂**

思考的習慣也能像其他習慣一樣養成。培養善良的性格、溫順的脾氣與樂天開朗，或許比擁有完美知識與眾多成就更加重要。

小洞也可透日光，小事亦能斷品行。品格確實建立在許多細小作為上，在善良而有尊嚴的踐行上；日常生活正是提供我們築起這幢高樓的原料礦場，習慣則在此開礦。每個人都有很大一部分的能力可成為良好行為的自我教育者，就像學習其他事物一樣；儘管口袋裡沒有半毛錢，還是能夠和藹親切有教養。**彬彬有禮在社會中的影響，就好像無聲的光，能給每件事物帶來色彩；**這比大聲疾呼或暴力脅迫更加有力，也更有成效。它能寧靜而持續地推往前進的方向，就像春天裡嬌小的黃水仙，靠著單純對成長的堅持就能撥開泥土，萌芽而出。

即使只是個親切的眼神，也能帶來愉悅，傳達幸福。布萊頓的羅柏森（Robertson of Brighton）星期日出門上教堂，經過一名窮困女孩的身邊時，對她投以親切的眼神，那女孩所表現的欣喜以及臉上感激的淚水。這是何等的經驗啊！快樂居然如此容易就能給予！我們錯失了多少從事天使工作的機會啊！

好的態度，正如其名，絲毫不遜於好的行為。禮儀，不值一文，卻能買下一切。而最便宜的事物就是仁慈，要做到這點毫無困難，更不必要求自我犧牲。贏得人心，就能夠贏得所有人的忠誠與錢財。**一點禮儀就能改變一點生活**，雖然看來沒有什麼內在價值，卻在每次重複與累積中日趨重要。他們就像零散的時光，眾所皆知，這些零碎的時間累積起來也能成為十二個月，甚至是人的一生。

態度是行為的門面；能讓說好話、做好事更有價值。帶著怨忿或是高傲所完成的舉動，甚少會被人家當作施惠。我們很難喜歡一個雖然不會捏著你的鼻子，卻羞辱你的自尊，並傲慢地用話來污辱你的人。當阿伯內西（Abernethy）在為聖．巴特羅謬醫院的外科醫師部進行遊說時，他遇到一位富商，同時也是醫院的董事之一。這位大人物在長桌後方見到這位偉大的醫生進門時，馬上猜想這是為了求他投下贊成票而來的。他說：「先生，我猜你在你人生中這緊要關頭，是為了想要我的贊成票跟影響而來。」阿伯內西氣得七竅生煙，答道：「不，不是的：我只想要一點錢；我過來仔細看過後就要打包；我想馬上就走！」

真正的禮貌，表現在充分考慮別人的意見上。常言道，獨斷不過是自負的極致表現；而這種特質最差勁的表現，就是固執與傲慢。我們不妨引用一位福音聯盟（Evangelical Alliance）教士在威爾斯邊境巡迴時，常說的一段極具啟發的寓言：——「我在一個霧靄瀰漫的早晨中行經山丘，」他說，「我看到在山邊有東西在動，樣子很奇怪，乍看之下我以為是頭怪獸。當我靠近些，我才驚覺原來是個人。當我走到他的身邊，才發現原來他是我兄弟。」

從正直良心與仁慈情懷孕育而生的禮貌，並非專屬於任何階級地位。在鉗工檯工作的機械工匠，也可能像牧師或議員同樣擁有這特質。從任何方面看，任何職業都絕無理由該被當作是低賤或粗俗的工作。在許多歐陸國家以優雅有禮作為階級的區分標準，其實正顯示出我們也可能擁有這些特質——正如這些特質也無疑會隨著教化與社交而增進一般——完全不須犧牲我們作為一個人的真正本性。

從最尊貴到最低賤，從最富有到最貧窮，造物者從不曾拒絕任何階級擁有祂最崇高的恩賜——偉大的靈魂。從沒有一位紳士不具宏大的心靈。善心可以在農人的粗毛呢下被發現，正如它也會在貴族雷斯外套底下出現一樣。有許多人外表樸實，對不能察覺內心的人看來不過是粗鄙無文；但對內在正直的人而言，品格永遠都有其醒目的標記使其鶴立雞群，與眾不同。

威廉・葛蘭特（William Grant）與查爾斯・葛蘭特（Charles Grant）是因佛內斯（Inverness-shire）一名農夫的兒子，他們的父親在一次洪水中失去了所有家產，甚至包括他親手耕作的土地。他與兩個兒子，面對著這個茫茫世界，向南去謀職，一直走到了蘭開夏（Lancashire）的伯里（Bury）附近。他們從華姆斯里（Walmesley）附近的山丘頂上開始，尋找眼前艾爾威河（Irwell River）蜿蜒流經的這一大片鄉間有無任何工作機會。他們是從異地來的陌生人，完全不知該往何處去。為了決定前進方向，他們立起一根木棍，看木棍倒向哪裡，就往哪邊去。決定方向之後，他們便一路前行，直到抵達不遠處的蘭斯波坦村（Ramsbotham）。在村裡他們找到了一份布料印花的工作，威廉便在這裡當起了學徒；憑藉著勤奮、明快與正直，他們贏得了老闆的信賴。他們埋頭苦幹，地位也水漲船高，直到最後兩兄弟都當上了老闆；在多年勤奮打拚與樂善好施之後，不僅富有，更受人推崇與尊敬。他們的棉紡廠與印花廠提供了許多人工作機會；他們的良善勤奮為這地區注入了活力、歡愉、健康與財富。他們建造教堂、創辦學校，並提升所有工人階級的福祉——因為他們過去也是從工人出身。他們後來在華姆斯里的山丘頂上立了一座高塔，用以紀念過去是如何決定落腳處的往事。

葛蘭特兄弟因其仁慈與諸多善行而遠近馳名，據說狄更斯先生（Mr. Dickens）在描繪契里勃爾兄弟的品格時，心中便以這倆人為摹本。有段相近的趣聞，可以顯出這裡對他們品行的讚揚絕無誇大。有位曼徹斯特的倉庫管理人出版了一本以極其下流的方式抨擊葛蘭特兄弟的小冊子，譏嘲葛蘭特大哥為「鈕扣比利」（Billy Button）⑤。威廉聽說這本小冊的內容後，他認為對方大有機會重新再版。「喔！」當那名中傷者聽到這樣的回應時，他說：「他會認為這樣我將來就欠他一份情了；但我才不甩他。」後來這位中傷者破產了，葛蘭特先生還幫助他東山再起。

真正的紳士會以最崇高的典範來塑造自己的性格。「紳士」這一赫赫名聲，已被社會公認為一種階級與權力了。一位法國老將軍在盧西昂（Rousillon）對手下一支蘇格蘭仕紳組成的軍團說：「紳士永遠是紳士，在別人需要或危機當頭時，都能挺身而出。」擁有這項品格本身就是一種尊嚴，即使是那些不屈服於高官厚爵的人，也會對紳士由衷的尊敬。紳士的特質並不仰賴於舉止或態度，而是在其道德價值——不是建立在個人財物上，而是在個人品性上。詩篇作者曾這般描述「君子」——紳士，說他們是「行為正直，作事公義，心裡說實話的人」。

紳士以其自尊而卓然出眾。他看重自己的品格——不只因為別人在看他，而是因為他自己也在看著自己；凡一切行事都得獲得自己內在的同意才行。而且，正因他自敬自重，他也會以同樣的原則來敬重他人。人性在他眼中是神聖的：從人性中才能產生禮儀與寬容、和藹與慈愛。據說有一次，費茲傑羅閣下（Lord Edward Fitzgerald）在加拿大旅行時與印第安人同行，他對一名可憐的印第安人妻子居然要背負她丈夫的行李，而其丈夫卻什麼也不擔負的情形大感驚訝。費茲傑羅閣下立即為那女人卸下背上重荷，自己一肩扛了起來，這就是一個真正紳士與生俱來的禮貌。

真正的紳士具有極強烈的榮譽感——謹慎小心地避免卑鄙作為。他為言語及行為設下了極高的誠實標準。他絕不搪塞說謊，也不閃避躲藏；而是誠實正直，坦蕩蕩地面對一切。他的準則就是正直——按著正路去做事。當他說「是」，那就成了法則；而他也敢在適當時機勇於說「不」。他不會被收買；只有卑劣而無原則的人才會甘心將自己賤賣給對他們有興趣的人。當正直的漢威（Jonas Hanway）在擔任補給委員時，拒絕接受任何承包商送來的禮物；在執行公務上，拒絕乃成了他的慣例。

同樣的，節操從威靈頓公爵的一生也可以得到良好的印證。在阿薩葉（Assaye）一戰過後不久，海德拉貝王朝（Court of Hyderabad）的首相便來找他，想私下確定在馬哈拉特（Mahratta）親王們與尼贊王（Nizam）間的和平條約中，他的國王能保留多少領土與利益。這位首相答應付給將軍一筆龐大的數目來換取這項資訊——總價高過十萬英鎊。威靈頓公爵靜靜地看了對方幾秒後說道：「這樣看起來，您像是能保守秘密的人囉？」「沒錯，自是當然。」首相答道。「那麼我也是。」咱們這位英國將軍微微一笑，躬送首相離開。這是威靈頓最大的榮譽，儘管他在印度所向披靡，而且有權有能獲得像這樣的鉅款，他卻不取分毫，兩袖清風地回到了英國。

在英國駐印度總督威爾斯利侯爵（Marquis Wellesley, 1760-1842）身上，也能看到相似的機敏與崇高——他有一次堅決回絕了一筆由東印度公司董事們為佔領麥索爾（Mysore）而致贈的十萬英鎊。「我不必提到我做人的品格，」他說，「更甭提這職務的尊嚴；除了這些考量之外的其他因素也都引領我拒絕這份不適合我的饋贈。我除了我們的軍隊外別無關切。我該更為如何縮減那些英勇軍士們的重擔煩心才是。」

英國駐印度軍總司令納皮爾爵士（Sir Charles Napier, 1782-1853）在印度的事蹟也充分展現出同樣高貴的自我克制。他回絕了所有蠻王的饋贈，並說：「我來新德（Scinde）這裡當然可以得到三萬英鎊，但我還不打算弄髒我的手。我可不想污了我在這兩場戰役（米尼伊〔Meanee〕與海德拉貝之戰）中所佩戴的親愛天父的寶劍。」

財富、爵祿與真正的紳士品格並無必然的關係。一貧如洗的人在精神上與日常生活上，也有可能是真正的紳士。只要他能夠誠實、坦率、正直、有禮、溫和、英勇、自尊、自助，那就是位真正的紳士。擁有富裕靈魂的窮人，這在各方面都勝過擁有貧窮靈魂的富人。借用聖保羅的話，前者「一無所有，但無所不有」，而後者儘管無所不有，其實一無所有。前者凡事懷抱希望，無所畏懼；後者則是無所希望，凡事畏懼。只有精神上的貧困才是真正的貧困。一個失去一切，卻仍能保有勇氣、開朗、希望、德行與自尊的人，依然富有。因為對這樣的人而言，世界本身值得信賴；他的精神能駕馭一切繁雜憂苦，仍能昂首闊步，這才是個真紳士。

我們偶爾會在最低賤的階級中發現英勇而溫和的品格。有個古老卻極佳的例子可為佐證。有一次阿迪傑河（Adige River）突然氾濫，沖潰了維羅納（Verona）橋，只留下中央的橋拱，這橋拱上有棟房子，屋裡的住戶眼看橋基就要不保，紛紛從窗口向外呼救求援。當時正在旁邊的斯波維里尼伯爵（Count Spolverini）說：「我願出一百法國金幣，給勇於去救那些可憐人的好漢。」一名年輕的農民從群眾中走了出來，抄起一艘小艇，躍入激流之中。他到達橋墩底下，將屋裡一家人全都接到船上，並安全地將他們送到了岸邊。「這筆錢是你的了，英勇的青年。」伯爵說。「不，」那年輕人答道：「我不是來賣我的命；把錢給這可憐的一家人吧，他們才真的需要這筆錢。」儘管他不過是一介農民，但卻真正表現了紳士的精神。

另一個教人動容的事蹟是，一群待僱水手在當斯（Downs）拯救一艘燃煤雙桅帆船船員的故事。⑥一場從東北方突如其來的暴風雨，將好幾艘船艦吹離了下錨處，其中一艘擱淺在離岸邊甚遠之處，眼看怒海隨時就要吞噬掉這艘船了。面對這狂風巨浪，艦上眾人都已不懷一絲生還希望。然而，卻沒有什麼能夠阻擋岸上的水手們冒著生命危險拯救船隻與船員的決心，他們根本不期望有任何救難酬金。這群待僱水手在此危急時刻，一點也不乏大膽勇猛。當那艘雙桅帆船一擱淺，在岸邊圍觀眾人中的普里察（Simon Pritchard）隨即丟開大衣，大聲呼道：「有誰肯跟我一起去救那些船員？」有二十個人立即跳了出來喊道：「我去！」「我也去！」然而救援行動只需要七個人；他們躍上了一艘平底船，在岸上一片歡呼聲中破浪而出。這艘船在這片大海中能撐得住可說是項奇蹟；幾分鐘內，這些英勇水手們靠著強健的臂膀便將船划到了擱淺的船邊，抓準浪頭靠了上去；在離岸不到一刻鐘的時間內，他們便將燃煤船上的六人安全帶回了威瑪海岸（Walmer Beach）。或許再也找不到能比這群水手的堅毅勇氣與無私精神更崇高的例子了。

騰布爾先生（Mr. Turnbull）在其著作《奧地利》（*Austria*）中，記載了已故法蘭希斯皇帝（Emperor Francis）的一段軼事，述說該國王公貴族的個人特質對其統治人民的政府造成了多大的影響。「霍亂在維也納爆發後，皇帝帶著一位侍從武官在城裡與市郊的大街小巷巡視時，見到一個喪家獨力拖著一具放在擔架上的屍體。這不尋常的情況吸引了皇帝的注意，他透過詢問得知原來死者是個罹患霍亂而死的窮人，而其親屬未敢冒險將屍體送到當時被認為極為危險的墓地去。『那麼，』法蘭希斯皇帝說道：『我們就提供他們一塊地方，沒有一個我可憐的臣民在死後還得不到最後一點入土安息的尊重。』他跟著那具屍體到了遠方的下葬地點，脫下冠冕，站在一旁監看每個慣例儀式都能行禮如儀。」

儘管這個例證可以恰當顯現君子的特質，但我們還可以找到另一個可以與之相提並論的故事，這是數年前早報曾刊過，關於兩名英國人在巴黎的故事。「有天，一輛靈車在前往蒙馬特（Montmartre）時，行經陡峭的克利希街（Rue de Clichy），車內載有一口裝著遺體的白楊木棺。車後沒有一個人為他送葬，連條狗都沒有。當天是個陰暗的雨天；路上行人也像往常般，在靈車經過時舉帽致意，但也僅此而已。最後，靈車經過兩名從西班牙來到巴黎的英國工人身旁。他們的破外套底下燃起了一股正義感。『可憐的傢伙！』其中一個對另一個說，『沒有人來送他一程；不如我們兩個跟著吧！』這兩人脫下了帽子，頂著大雨送這陌生人的遺體直到蒙馬特的墓園。」

紳士最最重要的，就是真誠。他把真誠當作是「生命的頂峰」，更是規範所有人間世事的靈魂。查斯特菲爾德閣下（Lord Chesterfield）宣稱真誠才能造就紳士。威靈頓公爵在寫給凱勒曼（Kellerman）的信中，提到關於囚犯假釋的問題，他反對那位半島戰役將軍的意見，並告訴他要是有什麼能說是一名英國軍官能引以自豪的事，除了勇氣之外，就是他的真誠。他說：「英國軍官一旦答應在假釋期間不會逃跑，他們就絕對不會違背這諾言。相信我——信任他們的承諾；英國軍官的承諾比哨兵的警覺心更加可靠。」

勇氣與敦厚總是結伴出現。勇敢的人總是溫仁寬厚，絕不會殘酷無情。富蘭克林爵士（Sir John Franklin, 1786-1847）[7]的朋友派瑞（Parry）對他的描述說得好：「他是個永遠不會背對危險的人，但他的心腸卻又軟到不會撥開一隻蚊子。」

另一個能精確描繪出寬厚與崇高品格的例子，是一名法國軍官在西班牙愛爾波頓（El Bodon）的騎兵戰的故事。這名軍官舉劍攻擊哈維爵士（Sir Felton Harvey），卻察覺到對方僅有一隻手臂，隨即停手，放下劍來對哈維爵士行禮後便騎開了。

在這裡或許可以加上一筆內伊（Ney）同樣在半島戰爭中高貴而仁慈的事蹟。納皮爾在科倫納（Corunna）被俘，傷勢甚重；他在家鄉的親友不知道他究竟是生或死。有位特別信差從英國出發，帶了一艘護衛艦要確定他的死活。克盧男爵（Baron Clouet）看見了船上打來的旗號，告訴內伊船已經到了。「讓那犯人見他的朋友，」內伊說道，「告訴他們他很健康，我們對他非常禮遇。」克盧遲疑了一會，內伊笑著問他：「他還想要什麼？」「他家中有個老母，是個瞎了眼的寡婦。」「是嗎？那就讓他自己回去跟她說他還活著。」當時兩國間交換俘虜還未被允許，內伊知道他這樣縱放一名年輕軍官可能會惹得皇帝不高興；但拿破崙卻對內伊這項寬厚的行為大加讚賞。

儘管我們偶爾會聽見人家哀嘆騎士精神已不復存在，我們這時代還是能見證許多英勇而寬厚的事蹟——透過自我克制與鐵漢溫情——在歷史上絕對無出其右。

最近幾年發生的事件正顯示出英國人絕非墮落的民族。在賽巴斯托波爾（Sebastopol）荒涼的高原上，在潮溼而危險的戰壕中的軍人頂住了長達十二個月的圍攻，在該部隊中的所有階層都證明了他們自己夠格繼承先祖所留傳給他們的高貴品格。軍官與士兵懷抱拯救婦孺的希望時所表現出的行為，全都是整部騎士歷史不能相比的偉大事蹟。英勇而寬厚的勞倫斯（Henry Lawrence）過世前的遺言，說道：「不要為我百般慌亂；讓我跟那些人同葬一處。」

甘柏爵士（Sir Colin Campbell）在戰場上奮力護衛婦孺百姓抵達安全處所，正是騎士精神光榮的展現。

即使一般士兵也能在他們所面對的試煉中證明自己是個紳士。在阿格拉（Agra），有許多不幸的同胞在遭遇敵人時受重傷，他們被帶回軍營裡接受婦女們的細心照料；這些粗魯英勇的士兵此時表現得像孩子般溫柔。在婦女們照料的幾週內，這些大兵們沒有說過任何逆耳的話。當一切結束後——儘管受傷過重的已經不治，生病與輕傷的人卻能夠活著表達他們的感激——他們邀請這些婦女們與阿格拉所有重要人物一起到泰姬（Taj）花園同樂，在鮮花與樂聲中，這些強悍的老兵儘管有的滿身傷痕，有的遭到截肢，卻全都站立起來感謝這些照料他們吃穿，在他們受傷痛苦時照顧他們需求，時時溫言撫慰的女性同胞。在司庫塔里（Scutari）的醫院也一樣，許多傷者病患都祝福這些照料他們的善良女士；沒有任何事物能比這些南丁格爾夜巡時，當她們的影子落在這些飽受痛苦折磨的可憐人枕頭上時，傷者對她們的祝福來得更加美好了。

一八五二年二月二十七日，柏肯黑號（Birkenhead）的殘骸散布在非洲海岸的故事，提供我們另一個在這十九世紀的凡人也能發揮出騎士精神的例證，而這故事也永遠會令我們感到驕傲。搭載著四百七十二名男性以及一百六十六位婦孺的柏肯黑號，沿著非洲海岸緩緩航行前進。船上的男性分別隸屬數個駐在開普頓（Cape）的軍團，而且大多是新進服役的補充兵。清晨兩點，當所有人都在船艙底下安眠時，船隻底部猛地撞上了一塊巨岩；船艦看來就要沉沒了。陣陣鼓聲召集著所有士兵到甲板報到，全體士兵都迅速列隊集合。他們接獲的命令就是拯救婦孺；這些無助的人們在從船艙底下被帶上甲板來時，多數都還衣衫不整，旋即被帶到救生艇裡頭靜靜地坐著。當他們駛離了柏肯黑號船側，艦長便未經思索地大呼：「所有能游泳的都跳到海裡，想辦法登上救生艇。」但九十一高地軍團的萊特上尉（Captain Wright）說：「不！如果這麼做，所有載著女人的救生艇都會沉沒！」語畢，這些好漢全都站住不動了。船上已經沒有救生艇了，他們也沒有獲救希望了；但沒有一個人膽怯畏縮，沒有一個人在這挑戰的時刻擅離職守。生還者之一的萊特上尉說：「當時他們之中沒有人竊竊私語，也沒有人暗自啜泣，直到整艘船整個沉沒為止。」船沉了，一群勇士也淪為波臣了；當他們沒入水裡時，所有人都為他們鳴槍致敬。光榮與榮譽歸於仁者與勇者！這類人的典範，以及對他們的回憶都將永垂不朽。

還有許許多多能夠表現紳士氣節的各種試煉；其中有一個是屢試不爽的，那就是查看一個人如何指揮下屬？如何對待婦孺？雇主如何對待員工？師父如何對待徒弟？各個階層的人如何對待弱於自己的人？能力要配合審慎、容忍與友善來發揮，才是真正能看出紳士品格的關鍵試煉。盲者拉莫特（La Motte）有一天穿過人群時，突然踩到一名年輕人的腳，對方二話不說地便往他臉上揮了一拳。「欸，先生，」拉莫特說道：「您會為方才所做的事感到後悔的，您知道，我是個瞎子。」動手欺侮毫無抵抗能力者的人只會欺善怕惡，絕對成不了君子。欺凌弱小無助者的人只會是個懦夫，絕無法成為男子漢。有言道，**暴君**

不過是奴隸的翻轉罷了。心地正直的人所擁有的力量，以及對力量的了解，都能讓他的品格更增尊貴；但他必須非常謹慎地使用他的力量；因為

擁有巨人神力，
的確美妙無比；
但若只像巨人，
徒餘專制蠻橫。

寬厚確實是紳士情操的最佳試金石。無論是對比他弱小的人、對受他照料的人，或是與他相仿的人——對他人感受的關懷，對他們自尊的敬重，都融於真紳士的一切行止中。他寧可自己受點小傷，也不願冒著造成更大危害的風險而占他人便宜。他能容忍其他天生稟賦不如他的人所可能犯下的軟弱、失敗與錯誤。即使發怒，他仍能保持寬仁。他不炫耀自己的財富、權力與才華。他不會因成功而洋洋得意，也不會因失敗而喪志。他不會以自己的意見強加別人，

但他會在適當時機暢所欲言。他不會以屈尊俯就的姿態去施恩行惠。

查塔姆閣下（Lord Chatham）說過，君子的特徵是在每日生活的各種情況中都能犧牲自我，成全他人。或許我們可以引一段英國名將阿培克朗比爵士（Sir Ralph Abercromby, 1734-1801）的軼事來作為說明。這故事是說當他在阿布吉（Aboukir）戰爭中受到致命重傷時，他被送到「閃擊號」（Foudroyant）上；為了減輕痛楚，醫務士將一條士兵的毛毯墊在他的頭底下，他果然立刻感到無比舒適。他問醫務士，究竟放在他頭底下的是什麼。「只是一條士兵的毛毯而已。」對方答道。「是誰的毛毯？」他撐起身子問。「不過是眾人中的一個人的毯子罷了。」「我想知道擁有這條毛毯的人究竟姓何名誰。」「爵士閣下，那是四十二團的鄧肯．羅伊（Duncan Roy）的毯子。」「那你要確保那個鄧肯．羅伊今晚能有毯子睡。」⑧即便是為了舒緩他臨死前的痛苦，這位將軍還是不肯佔用那名士兵的毯子一晚。這段插曲就像是瀕死的希尼在聚特芬（Zutphen）平原上將最後一口水留給了一名士兵一樣感人肺腑。

怪老頭富勒（Fuller）在稱讚德雷克爵士（Sir Francis Drake, 1540-1596）⑨時，用幾句話總結了對這位真君子與實踐者的品格描繪：「生活高尚，一如其行，言語真誠而坦率；對處下者永懷仁慈，最厭惡的就是怠惰懶散；在面臨緊要關頭時，從不依賴他人的關照，無論他們有多麼可靠或熟練，他反而總是蔑視危險，不畏困難，他習於任何時刻都要帶頭親力親為（雖然他位居第二），充分發揮他的勇氣、技巧與努力。」

註釋

①編註：坎寧（Canning, 1770-1827），英國政治家，曾任首相。
②編註：霍納（Francis Horner, 1778-1817），英國政治學家、經濟學家。
③編註：史密斯（Sydney Smith, 1771-1845），英國作家、教士。
④編註：投石黨（Fronde），法國路易十四時的反對黨，反對政府，並與保皇黨開戰。
⑤比利（Billy）為威廉（William）之暱稱。
⑥作者註：此事發生於一八六六年一月十一日。

⑦編註：富蘭克林爵士（Sir John Franklin, 1786-1847），英國船長、北極探險家，後於探險中喪生。

⑧作者註：見布朗（Brown）著，《長假時日》（*Horae Subsecivae*）。

⑨編註：德雷克爵士（Sir Francis Drake, 1540-1596），英國對抗西班牙無戰艦隊之艦隊副指揮官。

自修，最好的教育來自於自己

Self-Culture ——Facilities and Difficulties

通往天才的路上充滿了辛勞，
成為頂尖大師，
除了自己的刻苦努力之外別無他途。

每個人都接受兩種教育，一種是來自於他人，而更加重要的另一種，
則是來自於他自己。

——吉朋（Gibbon）

有人遇到困難就退卻——面臨風暴就膽寒的嗎？那他成不了事。有人
決心要克服致勝的嗎？這種人絕不會失敗。

——約翰．杭特（John Hunter）

明智與主動能克服千困萬難，
只需靠著勇氣放膽：愚蠢與偷懶
在面臨危難時則會懦弱又膽怯，
反使所懼的不可能變成千真萬確。

——羅威（Rowe）

每個人所受教育中最好的部分，都是來自於他自己。這對文學、科學與藝術方面擁有傑出表現的所有人才，都是不可或缺的條件。在學校體制中所受的教育不過是個開端，其最主要的價值就在於訓練心靈，讓心靈養成持續用功學習的習慣。他人所教導給我們的知識，往往不如我們靠著自己勤勉努力所知的一切來得深刻。透過努力所獲得的知識才會專精——也才真正屬於我們自己。這樣得來的印象才會深刻而逼真；僅僅透過分享得來的事實知識絕不會對心靈產生這般效果。自修需要能力，更能培養力量。**解決一個問題能夠讓人學會如何解決另一個問題；這種知識才叫學以致用**。我們自己的主動努力是最重要的事；任何設備、書籍、老師、強記，都無法取而代之。

最優秀的老師，最能夠明白自修的重要性，也最知道激勵學生靠自己一切能力主動求知。磨練重於口授，他們設法要學生自己主動參與指定的工作；這讓教學比要學生僅僅被動接受片斷瑣碎的知識更為崇高。這是偉大的阿諾博士（Dr. Arnold）所秉持的工作精神；他努力教導學生要能自立自強，靠自己的積極主動發展潛能，而他自己所做的不過是引導、帶領、激發、鼓勵這些學生罷了。

他說道：「我寧可把學生送到范迪門地區（Van Dieman's Land）①去，讓他自力更生，也不願送他到牛津去舒舒服服地過日子，心裡頭毫無丁點為自己前途打算的慾望。」他在提到一名稟賦較差的學生時，說：「在這個世界上，資質較差的人，也能受上帝智慧的庇蔭，受到全心全意的栽培，那才是真正了不起的事。」事情是這樣的，他在拉勒罕（Laleham）教一名較為遲鈍的男孩，阿諾對他說了些較為尖銳的話，這名學生抬頭看著他說道：「老師，為什麼你這麼說？我真的盡了我所能。」數年之後，阿諾時常告訴他的孩子這個故事，並加上一句話：「我一生中沒有過這麼深刻的經驗——他的表情跟那番話我永遠也忘不了。」

在我們曾提過無數出身卑賤卻能在科學或文學領域中大放異彩的例子中，我們可以明白看出勞力與勞心是可以得兼的。有節制的勞力是健康的，對人體健全也有益處。勞動能教化身體，正如學習能教化心靈；社會最佳的狀態，就是能讓每個人在閒中有忙，忙裡有閒。

丹尼爾・馬爾薩斯（Daniel Malthus）敦促兒子在大學裡要盡全力研習知識，

但他也同兒子一起參與男子運動，藉以保持高昂的心智力量，享受智識的樂趣。他說：「每一種知識，每一種對自然與人文的認識，都能夠讓你的心智歡愉而強壯，我非常滿意板球，它對鍛鍊你的手腳也有同樣功效；我樂於見到你在健身方面的成績，我自己認為心靈最能享受到的最佳樂趣，就是能夠同時活動筋骨的活動。」然而，關於主動積極還有更重要的一點，是由偉大的牧師傑瑞米·泰勒（Jeremy Taylor）所指出來的：「避免怠惰，用認真而有用的活動來填滿你所有的時間；飽暖思淫慾，沒有一個安逸怠惰的正常人在受到誘惑時還能禁慾；但所有的身體勞動卻都是驅逐惡魔最有效用的利器。」

人生之成功有賴於身體健康，超出一般人的想像。哈德森騎兵隊（Hodson's Horse）的哈德森在寄給英國故鄉的朋友信中寫說：「我相信，我在印度能過得很舒心，從物質上來講，這得拜當地令人大快朵頤的美食。」對任何職業而言，能夠持續工作的能力絕大部分都必定建立在身體的健康上。

我們看到許多學生常不滿、不悅、消極、愛做白日夢，蔑視真實人生，鄙夷人類成就；這種傾向在英國被稱之為拜倫症候（Byronism），德國稱之為維特症候（Wertherism）——這或許正是由於忽略運動所致。錢寧博士（Dr. Channing）注意到美國也有類似的情形正在萌芽，這讓他憂心嘆道：「我們有太多年輕人成長在絕望這股潮流中了。」唯一能治癒青年人這種貧血症的良方就只有運動——勞作、行動、做到汗流浹背。

早年就開始自我要求從事工具作業的最佳例子，就是少年時的牛頓（Sir Isaac Newton）了。儘管他較不好動，卻勤於使用鋸子、榔頭與斧頭——「在房裡敲敲打打」——他會製作風車、馬車與任何機械的模型；當他長大點，他還會開開心心地為朋友製作茶几與檯桌。斯米頓（Smeaton）、瓦特與史蒂芬森（Stephenson）在還是孩子時也同樣巧於作工；而且若非他們早年的這種自修，將來成人時是否能有如此豐功偉績還很難說。本書先前曾描述過的各個偉大發明家與機械師，早年也都受過相同的訓練，他們的發明與才智都是在年輕時靠著雙手實實在在地鍛鍊出來的。即使是由手工業出身，後來成為純靠才智工作的人，他們後來的成就也都藉助於早期的養成訓練。伯里特（Elihu Burritt, 1810-1879）②說他覺得只有辛勤勞作才能使他有效學習；他不僅一次為了追求身體與心靈的健康而中輟就學，重新套上皮圍裙，回到他的熔爐與鐵砧去冶鐵。

即使是專業人士的成功，也無不仰仗他們身體的健康；有位知名作家曾經說道：「偉大人物的偉大之處，不只寓於心靈，也在他們的肉體上。」擁有健康的呼吸系統對成功律師或政治家來說，就跟良好的智識訓練同樣不可或缺。透過血液與氧氣於肺部所進行的循環，維持了大量運用腦力所必需的生命力。律師必須在擁擠悶熱的法庭中攀登他事業的高峰，政治領袖必須在人聲鼎沸的國會中忍受漫長而激烈的論辯所帶來的疲憊與刺激。因此，全職律師也好，全力付出的國會領袖也罷，都需要展現遠超常人的體能與活力；這種能力在布洛罕、林德斯特（Lyndhurst）、甘柏等人身上表露無遺；皮爾、葛拉罕與帕默斯頓等人，都是中氣十足。

史考特爵士在愛丁堡學院（Edinburgh College）時曾被譏為「希臘笨蛋」（The Greek Blockhead），但儘管身有殘疾，他卻是個健康的青年；他可以和最優秀的漁夫一同在特威德河（Tweed）捕鮭魚，也能在耶若菁草原（Yarrow）上與任何一名獵人去馴服野馬。當他後來決定致力於文學時，也未曾忘情田獵；即使在早晨撰寫《威弗利》（Waverley）的日子裡，下午也會去遛狗。威爾森教授（Prof. Wilson）是個非常優秀的運動員，擲鐵球的工夫不下於他精采的辯論與詩藝；伯恩斯（Burns）在年輕時，曾以其跳躍、拖引及摔角的能力著稱。我們有好些最偉大的牧師年輕時也因其身體活力而特別突出。貝婁（Isaac Barrow）在查德豪斯學院（Charterhouse School）時以鬧事打架聞名，時常打得頭破血流；富勒（Andrew Fuller）在梭罕（Soham）幫農收成時，也以拳擊技巧著稱；克拉克（Adam Clarke）小時候就展現過人的氣力，能夠「滾動巨石」——或許這就是讓他在成年後思想能夠大幅躍進的神秘動力。

常言道：「勤能補拙」，這對學習知識而言尤其真確。對於任何有心付出努力、認真汲取的人而言，學習這條大道總能暢行無阻；對擁有決心奮鬥的學生們而言，也沒有什麼天大的困難克服不了。查特頓（Chatterton）有句名言，「上帝造人，給了他夠長的雙臂，好讓他在選擇了困難時仍能夠搆得著。」在學習上如同在工作上，毅力都是不可或缺。事情總有「緊迫切要之處」（fervet opus）：**我們不能夠只是打鐵趁熱，而是要把鐵打得火熱。**

相較於懶人只會虛度光陰，能夠留心為自己掌握機會，利用空檔努力堅持自修的人所能達到的成就實在是令人吃驚。蘇格蘭啟蒙哲學家佛固森（Ferguson, 1723-1815）裹著羊皮在高地丘陵時，就是在仰望天空中學習天文學的；史東（Stone）在擔任園丁時學習數學；茱爾在修鞋的空檔學習最高深的哲學；米勒在採石場工作時自修地質學。

正如我們所見，英國大畫家雷諾爵士（Sir Joshua Reynolds, 1723-1792）極相信辛勤工作的力量，他認為所有人都能夠卓然有成，只要他們能發揮百折不撓的堅定毅力。**通往天才的路上充滿了辛苦，成為頂尖大師除了自己的刻苦努力之外別無他途。**他不相信什麼靈感，只相信努力與學習。**「優異並非天賦，而是努力換來的獎賞。」**他說。「如果你有優秀的天份，努力能讓你更上層樓；要是你才不出眾，辛勤能彌補你所不足。沒有什麼事是向善的努力所辦不到的；不靠它，什麼事都辦不成。」

羅斯博士（Dr. Ross）說：「我相信他們的天才有朝一日將會被認可，他們全都是腳踏實地賣力工作，而且意志堅決。**天才是藉由作品而被認識的；沒有作品的天才不過是個盲目而愚蠢的迷信罷了。然而傑出的佳作是時間與努力的結晶。……每件偉大的作品都是先前漫長訓練的成果。**熟能生巧。即使是走路這樣看似簡單的事，在還沒真正著手前看來也是困難重重。我們往往驚嘆於雙眼炯炯有神，嘴裡隨時引經據典的演說家所表現出的驚人才華，並為他們的真理與智慧所折服，但他們其實都是透過不斷苦練，歷經千百次挫折才習得了這番技巧。」③

堅持到底與精準正確是學習時的兩大原則。法蘭西斯．霍納（Francis Horner, 1778-1817）④在為教化自己心靈設立規準時，最重視的就是養成對一個目標堅持到底，直到徹底精熟為止的習慣；為了達成這個目標，他規定自己只能讀少數幾本書，並以無比堅決的態度抵抗「散漫閱讀的習慣」。對所有人而言都一樣，知識的價值不是取決於量的多寡，而是看他能否用在對的地方。因此，即使是一丁點知識，只要是正確完美，在實務上永遠都比虛有其表的學問來得更有價值。

天主教耶穌會創始人羅耀拉（Ignatius Loyola, 1491-1556）有句座右銘：「**一次**

專心做好一件事的人，做的比所有人都多。」把力量分散到過於眾多的層面，會削弱我們的力量，阻礙我們進步，而且會養成零碎而無效率的工作習慣。聖李奧納（Lord St. Leonard）有次跟巴克斯頓爵士談到他學習的方式時，徹底闡述了他成功的秘訣：「我在剛開始決定研讀法律時，就決定把所有學到的東西都變成我自己的知識，而且在徹底完成第一步前絕不冒進第二步。我有許多對手在一天內讀的書跟我在一週內所讀的一樣多；但在一年之後，我對這些知識仍如初接觸時那般生動，而其他人的印象卻在記憶中逐漸消散。」

並不是光靠填充式的學習或閱讀就能讓一個人成為智者；而是要看他對學習目的所採的方式是否恰當，要看他對當下思索的主題有多麼專心致志，還要看他整個心思運用所依循的規範習性。艾伯內席（Abernethy）甚至說過，他心中有個飽和點，一旦他所追求的多過心裡所能承受的，勢將排擠掉已有的成果。說到習醫時，他說：「如果一個人清楚知道自己想要的是什麼，他在選擇如何達到這目標的最佳方式時，就不會含糊。」

最有益處的學習，仰賴於擁有一個明確鵠的。徹底精通任一學門，未來都能隨時可以派上用場。因此，光是擁有書籍，或是知道去哪裡查閱我們想要的資訊是不夠的。為了生活目標所需要的真正智慧，必須隨時在手，以備不時之需。家有千金，莫如分文在手：我們得隨時準備好足夠的知識貨幣才能應付各個情境，否則當機會一來，就會顯得窘迫非常。

果敢堅毅是認真把自修當一回事的先決條件。要培養這些性格，可以透過訓練年輕人依靠自己的能力，讓他們在早年生活時充分享受最大的自由。過多的照管與限制，會阻絕了自助習慣的養成，就像綁在不會游泳的人臂上的充氣圈一樣無益。

缺乏信心對進步的阻礙或許比一般所以為的來得更大。**生命中有大半的失敗來自於該放手一搏時卻縮手縮腳**。強森博士（Dr. Johnson）慣於將自己的成功歸因於他對自己能力的信心。**真正的謙遜是要能夠正確衡量自己的長處，而不是否定自我的長才**。儘管有許多人總把自己幻想成一個無足輕重的小角色，缺乏信心，毫無自信，更缺乏在行動時所該有的果決，這種人格中的缺陷經常會阻礙個人進步；而造成最後不成氣候的原因，就在於他們其實無心成器。

事實上，絕大多數人都不乏自修的意願，但卻都極不願意付出那不可避免的代價：努力。強森博士認為：「**對學習無法持之以恆，是我們這一代的心靈疾病。**」如今看來仍切中時弊。我們或許不相信學習有任何捷徑可走，但我們似乎都深信必定有條「便道」可循。

在教育上，我們創出了省時省力的方便法門，試著在科學研究上走捷徑，學習法文或拉丁文「只要十二堂課就精通」，甚或「無師自通」。我們就像摩登仕女們般，要求老師教導她時不能叫她背誦動詞或分詞。我們在科學上的粗淺認識也是如此；學習化學時，光靠著聽幾堂課，做幾個實驗，吸點笑氣，看著綠色的液體變成紅色，看著磷在氧氣中燃燒，我們就覺得已經學會了；但這一切充其量只能說聊勝於無，其實卻比一竅不通還不如。**我們經常以為自己已經受過教育了，事實上卻僅僅是看過些好戲罷了。**

沒有用心學習過，就不叫做教育。那樣頂多讓你腦袋充塞，卻不能滋養心靈；雖能夠提供一時的刺激，讓人看來才智便捷，腦袋清明，除了單純喜好之外別無更為崇高的堅定目標，這樣不會帶來真正的益處。這種知識只會留下轉瞬即逝的印象；只有感覺，沒別的了；事實上，就知識而言，這就是最膚淺的伊比鳩魯主義形式——充滿感官感受，而非智性滿足。因此，許多人本來擁有勤奮工作，主動獨立的最佳心靈特質，卻陷入沉眠之中；他們過的日子不叫做生活，除非他們遭遇突來的災難與痛苦而被驚醒（災難在這情況中反而成了福份），喚醒心中英勇無畏的精神，若非如此，他們只會一直耽溺在這沉睡之中。

年輕人習於吸收偽裝為娛樂的資訊，輕易拒絕在努力用功背後的知識。他們在玩樂中學習知識與科技，他們也會太過容易就把這些東西視作玩物；但因此而造成的智識渙散卻是半點不假。隨著時間推展，只會使他們的心靈與品格徹底軟弱無用。**零雜的閱讀，就像抽煙，只會讓心靈軟弱，是心靈懶散的藉口。**這是怠惰之極，比其他惰性更使人無能。

這種禍害正以不同形式在蔓延。最顯見的就是膚淺；而最嚴重的就是逃避持續的用功，讓心智沉淪無力。要是我們真的夠聰明，就必須勤於事事，像我們的先祖般勤奮不懈；因為辛勤乃是（也將永遠都是）追求有價值的事物所必須付出的代價。

我們會滿足於追求目標而打拚，並耐心等待努力的報酬。所有最好的進步過程都是緩慢的；但對充滿信心與熱誠而勤奮的人來說，無疑會得到豐碩的成果。落實在日常生活中的勤奮精神，可以使人逐漸養成習慣，在處理自己以外的事情上，也更為敬業，更為有效。但我們仍必須不斷努力；因為自修永無止境。詩人葛雷（Gray）說，「有事做，就是幸福。」康伯蘭主教（Bishop Cumberland）也說：「累倒總比生鏽好。」「我們最終不都是會永眠的嗎？」阿諾德（Arnauld）嘆道。

我們真正值得受人尊敬之處，就在於能發揮自己的能力。能恰當運用一項長處的人，與擁有十項優點的人同樣光榮。擁有較高才智並不比繼承一幢豪宅更能稱得上是個優點。這些能力要如何發揮——這幢豪宅該怎麼運用？人的心靈可能堆棧了大量知識，卻沒有實用目的；但知識必須得切合良善與智慧，深植於正直的品格中，不然就毫無價值可言。我們在日常生活中可以發現許多才智出眾卻人品低賤的例子；他們腦裡充塞著在學校習得的知識，卻沒有半點真切的智慧，足供借鏡。有句名言：「知識就是力量」；但這也是種盲信，是種專制，更是種野心的宣言。知識若非經過明智運用，只會讓惡人更加危險，而大家認為最有價值的社會整體也就與地獄相去無幾了。

我們可能到今日都還是過於誇大文明教化的重要性。我們會習慣於如此想像是因為我們擁有許多圖書館、研究所、博物館，我們正擁有長足的進步。但這些機構對於最崇高的個人自修而言，提供的阻力或許與助力一樣大。擁有圖書館，或是能夠自由使用圖書館，對於建構知識的關係，就好像擁有財富之於慷慨大方一樣。儘管我們無疑擁有這些偉大的機構，然而有件事是千古不移的，那就是個人的智慧與理解只能通過觀察注意與堅毅勤奮的老路才能獲得。擁有知識材料跟擁有智慧與理解是全然不同的兩回事，後者只能透過比閱讀更重要的訓練才能達致——而閱讀，往往只是被動地接受其他人的思想，而毫無積極的思惟活動。因此，我們的閱讀不過是放縱腦袋多喝兩杯，暫時享受一時刺激，對於充實心靈與建立品格並沒有實質助益。許多執迷不悟者還抱著這樣自欺欺人的想法，以為正在培養自己的心智，事實上卻不過是以粗陋的方式在殺時間，或許說得好聽些，這至少能讓他們不要到處惹是生非。

還有一件事要牢記在心，就是從書本中得來的經驗，儘管頗具價值，卻只是學識而已；從真實生活中得來的經驗，才是智慧的本質；而點滴智慧的價值卻總是遠勝無數學識的總和。博林布魯克閣下（Lord Bolingbroke）說得好：「任何學習既無法直接也無法間接地讓我們成為更好的人才與公民，充其量只是怠惰懶散的巧裝假扮，而我們透過這種方式得來的知識，其為無知，仍屬千真萬確——此外無他。」

儘管良好閱讀可能極具實用性與啟發性，但這只是教化心靈的各種形式之一，比起實踐經歷或榜樣對塑造個人性格的影響來要遜色得多。遠在文化普及大眾之前，英國就孕育出了許多智慧、勇敢而誠實的志士仁人。大憲章（Magna Charta）是由一群人畫押簽署而訂定的。儘管他們並不熟悉在紙面上書寫文字的技巧，但他們心裡都清楚著，肯定著，而且自豪於這文獻的內容。英國的文明基礎就是建立在一群不通文字，卻是高風亮節的人手中。我們必須了解，教化的主要目的不僅在於以他人思想填充心靈，也不僅是被動接受事物提供的印象，而是增長個人智識，並在我們生活各個層面中提供積極有用的人才。

我們最有活力與貢獻的前輩中，有許多人目不識丁。例如布林德利（Brindley）與史蒂芬森在成年之前沒有學過讀寫，但他們卻能完成偉大的作品，過得像個男子漢；英國解剖學先驅約翰．杭特（John Hunter, 1728-1793）在二十歲時還不太會讀寫，但他卻能造出極為精巧的桌椅與最好的木匠比美。「我沒讀過書；」這位偉大的外科名醫在學生班上這麼說；「這個，」他一手指向放在眼前的屍體，說道：「要是你想在這一行出人頭地，這才是你必須認真鑽研的功課。」有次人家告訴他，說有個同業批評他太輕視古語，他答道：「我倒是願意教教他在古語或今語中學不到，卻能在死人身上習得的知識。」

可見，真正重要的並非一個人知道多少，而是看他是為了什麼目的而知道。知識的目的應該是陶冶智慧，培養品格，讓我們更好、更快樂，也更有用；對於生命中每個崇高理想的追求都能夠更積極、更有活力，也更加慈悲。人們一旦落入只會欽佩才幹與鼓舞能力的習慣，卻置道德人格於不顧，他們就踏上了通往一切沉淪墮落的捷徑。宗教信仰與政治意見都是道德情操的實在表現。

自律與自制是真正智慧的發軔；而這兩者都必須奠基於自尊。希望也是源自於此——而希望，乃是力量之友，亦是成功之母；**任何懷有強烈希望的人，也懷有創造奇蹟的能力。**最謙遜的說法是：「**尊敬我自己，發展我自己——這是我人生的真正責任。**」作為偉大社會體系整體中重要的一部分，我對社會與社會的創建者有個責任，不能讓我的身心靈墮落或受損。相反地，我必須要盡我所能地使自己臻至完美。

自尊是個人身上最尊貴的服飾——是最能激發心靈的高貴情操。畢達哥拉斯在他《金玉良言》（*Golden Verse*）中所記載最睿智的格律，是囑咐弟子要「尊敬自己」。由於這個高尚的想法，他不讓放縱逸樂敗壞了身體，也不讓低下的念頭玷污了心靈。這等情操運作在日常生活中，就產生了所有美德——整潔、清醒、簡樸、道德與宗教。

米爾頓說：「虔誠而公正的尊重自身，乃是一切有價值的美德之肇始。」過份的貶抑自己，不僅貶抑了自己的尊嚴，也糟蹋了他人的敬重。有什麼心，就會成什麼事。**一個人總是鄙視自己，就絕無法高瞻遠矚；想要登天，就得仰頭翹望。**最卑賤的人也能藉由這種感受而支撐過活。**窮困可以因為自尊而減輕及擺脫；**窮人能夠在種種誘惑中堅持自尊，拒絕用低俗行為來貶抑自己，這才是真正的高貴。

善於兼用手、腦的人，目光會更加敏銳，他會自覺到力量倍增——這或許是人類心靈所能涵納最令人歡欣的意識了。自助的力量能夠逐漸增長；隨著個人自尊的增加，他也逐漸能夠抵抗低俗墮落的誘惑。他會以一種嶄新眼光看待社會與社會的作用，他的關懷會與日俱增，也不再只是為了自己工作，更是為了替他人服務。

然而，自修的結果並不總像上面這些例子一樣盡如人意。大部分人在任何時候，無論多有知識，也必定要從事自己平凡的職業；無論社會整體所提供給個人的教化程度有多高——即使是最高等的教育（儘管通常不是）——也無法擺脫必須完成的社會日常工作。不過，我們可以透過高貴的思想使瑣碎的勞動與艱苦的環境昇華，讓職位不分貴賤，一律雨露均霑。無論一個人多麼窮困或卑賤，任何時代的偉大思想家都能因此與他同心協力，作他的幫手，即使他住在破屋陋室之中也無妨。

因此良好的閱讀習慣也因此能成為最大幸福與自我成長的源頭，潛移默化地影響一個人的整體人格品行，並帶來美滿結果。即使自修不一定能帶來財富，卻總是能提供給人卓越的思想來相伴的機會。某個貴族有次輕蔑地問一位智者：「你從你那些哲學裡頭得到了什麼？」智者給他的回答是：「至少，我胸中自有丘壑。」

但許多人容易感到沮喪，在自修過程中大為挫折，這都因為他們不能像自己所認為的那樣，應該「一步登天」。他們才剛播下種子，馬上就想要收成了。他們或許把知識當作市場貨品來看待，所以後來才會因為銷路不好而倍感困窘。崔門希爾先生（Mr. Tremenheere）在他《教育彙報》（*Education Reports*）的一期（一八四〇年第一期）中說到有位在諾佛克（Norfork）的老師感到學校學生人數正在迅速減少，於是開始尋找原因，最後總算確定大部分家長不讓孩子來上學的原因是因為家長們希望「教育能夠讓他們過得比以前更好」，結果卻發現對他們「一點好處也沒有」，便將孩子帶離學校，從此也不必再碰教育這淌渾水了！

這種貶低自修的觀念在其他階層更為普遍，而且經常受社會中對生活或多或少的錯誤偏見所鼓勵。將自修看作是勝過他人的手段，或是當成一種消遣娛樂，而不是當作一種提升品格與擴展靈性的能力，那就真的把自修看得太低了。用培根的話來說：「**知識不是牟利或銷售貨物的商店，而是儲存造物者的榮耀與提供人類慰藉的豐富寶庫**。」最尊貴的舉動無疑是一個人努力提升自我，並勤奮地提升他在社會中的處境，但這目標決不可能以犧牲自己為代價。要心靈為身體勞累，是把心靈當作奴僕看待；為了沒有功成名就便悲鳴哀嘆自己時運不濟，只會顯得出心眼狹小而尖酸；畢竟，成功靠著辛勤勞作與留心工作細節的習慣更勝過仰賴知識本身。對這種心態，沒有人比英國詩人沙賽（Robert Southey, 1774-1843）在給朋友提供建議的信中說的更好了：「我願意提供給你一些有用的建議；但是對於自暴自棄的人就無藥可醫了。一個善良的人跟一個好人可能偶爾會對世界感到憤怒，偶爾也為世界感到悲哀；但可以肯定的是，沒有人會在為這世界盡了責任之後還憤世嫉俗的。如果一個受過良好教養，擁有健康的體魄，手腳健全並有充足的閒暇的人，還要求什麼的話，那絕對只是因為萬能的神給了這個人他不配享有的福份。」

另一種蹧蹋教育的觀念，是只把教育當作是才智消遣與娛樂的方式。現代有許多人對這看法奉行不渝。近來在許多大眾文學中常見輕薄挑撥的言論幾乎已蔚為風潮。為了迎合大眾口味，我們的書籍與期刊現在必須加油添醋，嘩眾取寵，而不再避用粗話，徹底衝潰了所有的人律與神律。傑羅爾德（Douglas Jerrold, 1803-1857）⑤觀察這股趨勢時說：「我相信（而且也衷心盼望）這世界最後總會對這樣不停嘲笑一切事物感到厭倦。畢竟，生命中還是有些嚴肅的事物。人類的歷史不會完全是部鬧劇。我相信，有些人可能會寫出『登山諧訓』（Comic Sermon on the Mount），創造出英國趣史、阿佛列（Alfred）鬧傳、摩爾爵士（Sir Thomas More）笑譚，以及他女兒在棺材裏的鬧劇。世界必定會對這樣的褻瀆感到厭煩。」英國作家史特林（John Sterling, 1806-1844）也同樣說道：「雜誌與小說對這一代的所有人，尤其是對那些心智還不成熟，還在發育過程中的人而言，是一種全新而有效的替代品，它們對於人們心靈的影響比起聖經中降在埃及的瘟疫，污染潔淨水源並侵襲房舍的害蟲，是有過之而無不及。」

想從苦勞中暫歇，或在進行更艱困的工作時放鬆一下，細讀一本由天才作家所寫的優美故事，是智性的無上享受；這也是無論老少，所有讀者都會被深深吸引的；我們也絕不會認為這類書籍有任何一本不包括在合理的娛樂範圍之內。但是，像某些人那樣將這種書當作特別的文學食糧，連同充斥在圖書館書架上的垃圾一併嚥下——把閒暇時光全都花在研究這些書裡所寫的不合常理的人類生活圖像，這比浪費光陰更糟糕甚至是自取滅亡。

慣於閱讀小說的讀者在這類虛幻的感受中沉浸過久，健全的情感就會面臨失常或崩潰的危機。「我從不去聆聽悲劇，」有個快樂的人曾向約克大主教這樣說道，「悲劇會損害心靈。」小說所引起的文藝傷感，無法激發相應的舉動；它們所激起的脆弱敏感既不包含悲痛，更不包括自我犧牲；經常沉溺在小說中的心靈最後恐怕對於現實反而毫無感受。人格中的堅強將逐漸消磨殆盡，在不知不覺中逐漸喪失其奔放的活力。巴特勒主教（Bishop Butler）說：「在個人心中畫出德行的精美圖像，並不必然能幫助個人培養發展德行的習慣，甚至會讓心靈更往相反方向去，反而讓心靈逐漸麻木。」

適度的休閒是有其益處的，而且也值得鼓勵；但過量的逸樂則會敗壞本性，我們必須格外小心防範。常言道：「**勞而忘嬉，令人無趣**」；但嬉而忘勞，則會使人變得更糟。對青年人來說，沒有比靈魂沉浸在逸樂之中更加有害無益了。他心中最美好的特質減損了；一般的歡愉變得無味了；他對於較高意趣的追求也不再了；面對工作與生活的責任時，也經常以逃避與厭惡做結。

「求快」的人經常浪費並耗盡了生命的力量，真正幸福的泉源也會隨之乾涸。源頭既已遭破壞，自然對於人格或才智也無法提供健康成長的養分了。小孩喪失純真、婦女失去貞節、孩童缺乏真誠，這些都比不上看到一個人將青春浪費在放縱逸樂來得可悲。米拉波（Mirabeau）曾這樣說自己：「我的早年歲月消耗了我之後的人生，也耗損了我此生絕大部分的生命力。」正如今日對他人的不義，明日終會反噬我們自身一樣，我們年輕時犯下的罪愆在老來時對我們也將嚴懲不貸。培根說：「**年輕時過度透支掉的自然力量，終將在老年時一一償還。**」他這番話徹底揭露物理事實的本性，同時也揭開了生命中難以衡量的道德事實面貌。

義大利人茱斯蒂（Giusti）在給他朋友的信中寫道：「我向你保證，我為生存付出了重大代價。我們的生命真的不任我們擺佈。造物者在一開始時假裝生命是免費的禮物，但我們的每一筆行動都入了祂的帳戶。」年輕人最不智的並不是糟蹋自己的健康，而是玷污他們的人性。浪蕩的青年終將變成腐敗的成人；而且即使他願意，往往也難以回頭了。對此要有什麼解藥，那就是要灌輸心靈勇於負責的精神，並積極從事有用的工作。

法國在才智方面最有天賦的人就是政治哲學家班傑明・貢斯當（Benjamin Constant, 1767-1830）；但他在二十歲時便已對人生感到乏味，生命對他而言只剩下綿延的哀號，而不是藉由辛勤勞作與自制達成的偉大目標而歡欣收割。他毅然決定嘗試許多未曾試過的事物，因而人們都稱他為善變的貢斯當。他天才橫溢，文思如湧，一心想要寫出「永垂不朽」的鉅作。

貢斯當雖有最高的理想，不幸卻過著最下流的生活；他書中的超驗理論無法彌補生命裡的惡行。他在準備撰寫關於宗教的作品時還在賭桌上流連忘返，在述寫《阿道爾夫》（*Adolphe*）時與人私通更是飽受批評。儘管他才智過人，但卻一無是處，因為他對德行沒有半點信仰。他說：「呸！榮譽跟尊嚴是什麼玩意兒？我活得愈久，就愈能看清它們根本就是虛幻。」這確實是個可憐人的哀號；他將自己描述成不過是堆「塵土」。他說：「我像陰影一樣在這土地上行過，伴隨我的只有不幸與無聊。」

他曾經盼望有伏爾泰的活力，更勝於他自己所擁有的天才；他欠缺的是意志力——他只有滿腹奢望：他的生命過早就消耗殆盡了，只剩下一堆斷裂的片段。他說他自己是個一腳踩在空中的人。他承認他毫無原則，一點道德堅持都沒有。因此，儘管他才華洋溢，卻一事無成；歷經多年的可憐生活後，他最後還是死得悲慘淒涼。

《諾曼人征服英格蘭史》（*History of the Norman Conquest*）作者蒂耶里（Augustin Thierry）的事蹟恰巧可以做為貢斯當的鮮明對照。他一生徹底展現了刻苦堅毅、勤奮自修與追求知識的持久恆心。他在追求學問的過程中失去了視力，失去了健康，但從未喪失對真理的熱愛。當他虛弱到像個無助的嬰孩，必須躺在護士懷中，從一個房間換到另一個房間時，他堅強的精神仍須臾未離；儘管盲而無助，但他卻能以一句高貴的話來總評對於文學的赤忱：

「要是真如我所想，科學的益處能給國家帶來多大的利益，那麼我已如戰場上奮戰不歇的士兵一樣，將他的一切奉獻給了國家。不管我的付出最後命運如何，我希望我所樹立的典範不會被遺忘。我希望這典範能夠做為抵抗當代所罹患這種道德軟弱的疾病；將那些抱怨缺乏信仰、不明事理，又遍尋不著事物可崇拜仰慕的軟弱靈魂，帶回生命的正途。為什麼如此苦悶地說，在這世上沒有足夠讓我們呼吸的空氣——沒有足夠讓我們投身的事物？冷靜與認真學習的人不是大有人在嗎？在我們所有人可及的範圍內不都有個避風港、有個希望、有片天地嗎？靠著這些，淒慘的日子也能過得了無罣礙。每個人都能夠創造他的命運——每個人都能讓生命有尊嚴。這就是我已經辦到的；而且如果要我重頭來過，我還是會這樣去做；我會選擇引領我走到今日地位的道路。儘管我瞎了眼，飽受無止無盡的折磨，我都願意這樣保證，這話從我口中說出絕無可疑。世上存在著比感官享受更好、比財富更好，甚至比健康更好的事物——那就是獻身於知識的追求。」

柯立芝（Cleridge）在許多方面都像極了貢斯當。他同樣擁有卓越的才能，同樣意志薄弱。儘管擁有絕佳的才智稟賦，卻欠缺勤奮，總是逃避勞動。他缺乏擔當，把妻子兒女丟給高貴的沙賽撫養，自己卻躲到叫高門的樹林（Highgate Grove）間去，跟門徒高談超驗主義，高高在上，對於在倫敦塵囂中勤懇工作的人，視為無物。但為了獲得相當報酬的職位，他卑躬屈膝地求朋友施捨；儘管他有著崇高的哲學理念，但他還是嚥下了許多常人無法忍受的羞辱。沙賽所表現出來的精神卻是多麼不同！不僅為了自己的選擇而辛勤打拚，工作內容更是冗長而枯燥，但他卻能不懈而熱切地追求知識，一切只為了對學問的熱愛。每一天、每一個小時，都不虛度：給出版商的稿件都要確實完成；還有一大家子得要他好生照養：沙賽一停筆，可就沒有穀子讓他收割。他經常說：「我走的路，就跟皇家大道一樣寬闊；而我的工具，就是這瓶墨水。」

英國詩人尼寇爾（Robert Nicoll, 1814-1837）在讀過《柯立芝回憶錄》（*Recollections of Coleridge*）後，寫信給朋友：「這個人空有這麼高超的才華，但就敗在欠缺那麼一點毅力——一點決心！」尼寇爾擁有真誠而勇敢的靈魂，儘管英年早逝，卻也歷經並克服生命中許多重大的困阨。他一開始還當個小書商時，發現自己積欠了二十鎊的債務；他自己覺得「彷彿頸子上掛著千斤重負」，而且「要是能還錢，就絕不再向任何人借錢。」那時，他在寫給母親的信中說：「不要為我擔心，親愛的母親，因為我覺得自己的心智每天都更加堅定，更有希望。我愈加反省思索（思考是我現在主要的工作，而不是閱讀），我就愈覺得無論我有錢與否，我都在成為一個更明智、更好的人。痛楚、貧困，或是其他在生命中令人憂懼的洪水猛獸，我認為如今都已能勇於面對，毫不退卻，不會喪失對自我的尊敬、對人生最高使命的信仰，更不會喪失對上帝的信心。有個東西，要心靈經過許多痛苦掙扎才能贏得，而一旦獲得之後，我們就能像一個攀上高山的旅人，在陽光普照中，俯瞰凡間的風風雨雨。我不敢說我已經走到了這個境界，但我能感到自己每天都離那位置更近一些。」

造就偉人的，不是閒嬉，而是奮鬥，不是順境，而是困阨。或許，在人生任何驛站，想要取得任何成就，先得要面對並克服重重困難。然而，**這些困難都是我們最好的導師，正如犯錯總是我們最佳的經驗一樣。**福克斯（Charles James Fox, 1749-1806）⑥經常說他對曾失敗過卻仍能堅持下去的人所抱的期望，高過於那些一帆風順的人。他說：「一個年輕人，要是一開始就以一流的口才而顯得突出當然很好。他可以繼續下去，或者也可以自滿於初時的榮耀；但要是有個年輕人一開始並不成功，卻仍能持續下去，那我敢打賭這名年輕人會做得比那些一開始就成功的人來得更好。」

我們從失敗中獲得的智慧遠比從成功中所得到多。我們常因發現此路不通而找到了出路；從沒犯過錯的人或許也從來沒有過任何發現。唧筒高於水面三十三呎時無法將水汲至桶中，正是此一失敗才引起人們研究大氣壓力的原理，也為伽利略、托里切利（Torricelli）、波義耳等天才開啟了一個新的研究領域。杭特常說，要不是專科醫生有勇氣把失敗記錄向成功記錄那樣發表出來，外科手術技巧就不會有任何進展。

工程師華特也說過，在機械工程中最欠缺的就是失敗的記載：「我們所缺的，是一本失誤筆記。」德維爵士（Sir Humphry Davy）有次看到一場操控精巧的實驗時，說道：「感謝老天我不是手腳那麼敏捷的實驗者，因為**我最重要的發現大多數都是從失敗中得來的**。」另一位物理科學的傑出研究者也曾提過，一旦在他的研究中途遭遇到看來似乎無法突破的障礙時，也就是新發現快要產生的時候了。**最偉大的事物——最偉大的思想、發現與發明——經常誕生於困頓之中，往往成長於憂患之間，總是在重重阻礙中建立起來。**

貝多芬曾說羅西尼（Rossini）的確有才能，要是他在孩提時受過教訓，可以成為一個好的音樂家；但他從小就被他自己的作品給寵壞了。**能夠感受內心力量的人，無懼於面對相反意見；他們更有理由害怕那些過分的稱讚與過於友善的評價。**孟德爾頌（Mendelssohn）的劇作《以利亞》首演時，他在進入伯明罕音樂聽（*Elijah*）時，曾笑著對朋友跟樂評人說道：「把你們的利爪伸出來吧！別告訴我你們喜歡哪裡，但要告訴我你們討厭哪裡。」

撤退比勝利更能考驗一名將領，誠哉斯言！**華盛頓打的敗仗比勝仗多；但他最後卻能成功。羅馬人最富盛名的幾場戰役，也無一不是以挫敗作為開端。**摩洛（Moreau）經常被他的朋友比做一面鼓，不用力敲就不會有人聽到。威靈頓的軍事天才是在遭逢最棘手的困難時才鍛鍊出來的，但這些困難只會更堅定他的決心，更激發他做為一個人與做一位將軍的卓越特性。**技術高超的水手也是在狂風暴雨中獲得最佳的經驗**，砥礪他能自立、有勇氣，更給他最頂級的訓練；我們或許該感謝狂暴的海洋與寒冷的夜晚所提供的磨練，讓大不列顛的海員真正成為舉世無雙的傑出人才。

困阨可能是嚴格的老師，所有人都會同意她是最好的一個。儘管對方給予的嚴峻考驗總會教我們感到害怕，但當考驗來臨時，我們必須英勇無畏地堅定面對。伯恩斯說得對：

儘管失敗與磨難
的確是嚴峻的課題，
答案卻就在那裡，你也得到那兒去，
除此之外無處覓。

「逆境之用途最大」。逆境為我們顯示出我們的力量，激發我們的能力。要是在人格之中有什麼真正的價值，那麼在受壓迫到極限時，就會像香草一樣散發出醉人的芳香。俗話說：「**磨難是通往天國的階梯。**」芮奇特問道：「就算是貧窮，值得一個人哀嘆嗎？這不過就像女士們穿耳洞，好讓你在傷口上掛上耀眼的珠寶罷了。」

在生命經驗中，我們總會發現，最艱困的逆境所給我們的的教訓通常會帶來長遠的影響。我們可以看到，有許多人在窮困中展現出勇於承擔的能力，在面臨阻礙時仍能歡笑以對，但在面對伴隨富足而來，更加危險的影響時卻無法抵抗。強風固然可以吹開弱者的外衣：但一般人在面對宜人的陽光時，遺失外衣的風險卻更大。因此，**在好運當頭時，往往比身處逆境時需要更高的紀律與更堅強的品格**。

某些天性是跟隨富裕而展現出來的。財富會讓卑劣的心更加穩固，更加以卑鄙為傲。同時，財富也使心靈易於驕傲，困境對有決心的人而言反而能讓心靈更形堅毅。引用伯克的話：「困阨是位嚴師，加諸困阨於我們之身乃是更了解我們、也更愛我們自己的主的聖諭。祂與我們對搏乃是為了增強我們的力量、磨練我們的技巧：我們的對手因而可說是我們的幫手。」

如果沒有面臨困境，生命或許會較為舒適，但人卻也只能體現出較少的價值。因為精心改良的磨練，能夠鍛鍊人的品格，教人學會自助；因此，我們雖然看不出來，困阨本身卻往往成為對我們最有益的訓練。

多數情況中，生命這場仗就像在攻頂一樣；若毫不費力就順利攻下，也就毫無光榮可言。沒有困難就不會有成功；如果沒有值得奮鬥的事物，就不會達成任何目標。困難或許可以嚇阻弱者，但他們對有決心與勇氣的人而言卻是有益的刺激。生命中一切經驗在在顯示出，人在進展過程中所遭遇的困阨，大部分或許都能夠透過堅定的善行、真切的熱誠、活力、堅毅與決心來克服，並且對於不幸的命運仍能昂然而立。

「困境」或許會是道德教化最好的學校，無論對國家或對個人而言皆然。的確，**困境的歷史恰恰正是人類所能成就的所有美好事物的歷史**。我們很難想像，狂暴而多變的氣候與貧瘠的土地對北方民族有多少貢獻，這些條件正是他們生活環境的困阨。相對於那種對困境的永恆奮鬥，是溫暖地帶生活的民族所無法明白的。

要是我們盡力去做，有許多事情都能成功。沒有人能在嘗試之前就知道自己能成就什麼；在被迫盡力之前，也甚少有人會發揮全力嘗試。喪氣的人會說：「但願我能夠如何如何。」但是如果他只有空想，就絕不會完成任何事。願望必須落實於目標與努力；一次積極的嘗試比千百個期盼更有價值。正是這些燙手的「但願、如果」——這種無能與絕望的悲歎——為「可能」築起了圍籬，阻擋了對一切事情的嘗試或實踐。一項困難，就是一個該克服的對象。

我們所學的每件事物都是對困難的熟稔掌握；精通一項就能夠精通其他。

乍看之下毫無教育價值的事物（例如學習古語，或是學習線與面等數學關係）事實上是最具實在價值的事物，不單只是因為這些事物所提供的訊息，更是由於它們所強迫促成的發展。要精通這些學科就要激發努力，培養勤奮的能耐，否則就只能遲滯不前了。因此，精通一項就能夠促成精通另一項，而且這事業將會持續一輩子——只有到生命與發展結束之時，才會停止遭遇困難。

單腳旋轉舞動的女舞者，以及獨奏的小提琴家，都是藉由不斷練習，歷經多次失敗之後才獲得了如今的精湛技藝。凱里希密（Carrissimi）在人家稱讚他的樂曲有多麼流暢動人時感嘆道：「啊！你們對這流暢得來有多麼不易所知太少了。」有一次，人家問雷諾畫一幅畫要花多久時間，他答道：「一輩子。」美國演說家克雷（Henry Clay）有次在給一群年輕人提供建議時，告訴他們他在鍛鍊演講上的成功秘訣：「我這一生的成功，主要歸功於一個環境——我在二十七歲那年開始，年復一年，日復一日地閱讀並朗誦某些歷史或科學書籍的內容。這些隨時可做的練習，我有時在玉米田裡進行，有時則在森林裡練習，而且經常在一些偏遠的農倉中，把牛馬當作聽眾來練習。主要引領並激勵我奮發向上，造就我日後命運的，正是早年對這項技中之技的不斷練習。」

愛爾蘭演說家克蘭（Curran）年輕時，語言表達能力奇差無比，在學校的時候被人叫「口吃克蘭」。當他開始學習法律，並持續努力克服他的缺陷時，他突然變得口才流利，這全是因為學校辯論社的一名社員挖苦他是「靜默的辯士」；因為當克蘭在辯論中站起身來發言時，一個字都說不出來。這尖酸的挖苦深深刺痛了克蘭，使他回以滔滔雄辯。對於自己擁有雄辯之才的這意外發現，激勵了克蘭以一股嶄新的能量繼續他的學業。他清楚並大聲朗誦優美篇章的方式矯正了他的咬字與發音，每天練習數個小時，在鏡子前糾正儀態。克蘭是在「一文不名」的情況下，開始執業的。當他在法庭上努力辯護時，還是深為過去在辯論社所受到的壓抑所苦，有一次被法官羅賓森（Robinson）激怒而做出了極為尖銳的抨擊。克蘭認為「在法官所引用的法條中，根本就是他在書中找不到的。」「或許如此，先生，」法官輕蔑地說道：「但我想你的藏書數量應該非常稀少。」這位法官素以政治偏激著稱，匿名出版過好幾本充滿獨斷意見的小冊子。被暗指他家境貧困而惱怒的克蘭回應道：「確實如此，閣下，我是個窮人，這樣的經濟情況只能縮減藏書數量；我的藏書雖然為數不多，卻都是精挑細選過的，因為我希望這些書能夠一再回味細讀。我為了準備自己要在這崇高的職位上工作，讀了幾本好作品，不願選擇那些充數的濫竽。我不以貧窮為恥；但我要是靠著攀權附貴與墮落沉淪而得到富貴，那我絕對應以富有為恥。即使沒辦法躋身上流階級，我至少也要堂堂正正；要是我不這麼做，就如同眼前許多靠著卑鄙手段升遷的例證所示，靠著聲名愈大，卻是讓惡名流傳千里，遺臭萬年。」

最大的貧困也無法阻擋有志自修的人。語言學家莫瑞教授（Professor Alexander Murray）學寫字時是把字寫在底部燒焦了的石南板上。他父親是個窮困的牧人，唯一擁有的書就是一本一分錢的《小要理問答》（*Shorter Catechism*），而那本對一般用途而言已經過於昂貴的書，小心地存放在主日問答用的壁櫥裡。穆爾教授（Professor Moor）在年輕時，窮到買不起牛頓的《自然哲學的數學原理》（*Principia*），只能借來這本書，自己親手抄寫一份。許多窮學生，白天要打工維生，只能在休息時間中努力攫取一點點知識，就像鳥兒在冬季冰雪四積時找尋食物那樣。他們不停努力，信心與希望也會降臨在他們身上。

愛丁堡知名的作家與出版商錢伯斯（William Chambers），在由城裡的一群年輕人組成的集會中演講，簡短地向他們描述他過去卑微的出身來激勵他們：「現在站在你們面前的我，是靠自修成功的人。我是在蘇格蘭貧困的教區學校受教育的；但是直到我到了愛丁堡，我這一貧如洗的窮小子才利用每天下工後的夜裡，好好培養萬能的主賜給我的聰明才智。我從早上七、八點到晚上九、十點都在書商那兒做學徒，只有在這段工作時間後，才能挪出些睡眠時間來敦促自己讀書。我沒讀過小說：我的興趣專注在物理科學及其他有用的課題上。我也自修法文。如今回首當時，我感到極為愉悅，甚至還為自己現在沒有繼續這麼做而倍感羞愧；因為在口袋裡沒有六毛錢，縮在愛丁堡的小閣樓中用功唸書時所得到的快樂，遠勝過我現在坐在大客廳中享受所得到的快樂。」

著名記者與社評家柯貝特（William Cobbett, 1763-1835）在當兵時候利用時間學習英文文法，他說：「文法，是在我當兵一天領六便士薪水的日子中學的。床鋪的一角或是崗哨的一側，就是我讀書的座位；我的背包就是我的書包；放在腿上的一小塊板子就充當書桌；我花了不到一年的時間來做這件事。我沒有錢買蠟燭或燈油；冬天夜裡我除了火光之外別無其他光源，但那是我唯一的機會。如果我在同樣的情況下，沒有父母親友的建議或鼓勵，都還能完成這份心願，那對於所有青年人而言，無論多貧窮，工作多麼辛苦，環境多麼艱難，還能提出什麼藉口呢？無論要買枝筆或買張紙都得強迫我省下買食物的錢，儘管我常處於半飢餓狀態；我還是沒有一點自己的時間；但我必須在對話、談笑、歌唱、吹口哨，以及至少二十個莽漢纏鬥的時候（對方那時候當然也沒有自由可言）來學習讀寫。不要以為我為了買墨水、買筆、買紙時所花掉的四分之一便士得來容易！那半毛錢，哎！可是筆大數目啊！我當時跟我現在一般高；我那時候極健康，耐操勞。當時每個人每週都有兩便士的購物津貼。我記得，而且絕對忘不了！有一次，某個星期五，在我買完所有必需品後，我省了半便士下來，打算買些燻鯖魚留到早上吃；但當我晚上真的餓到受不了了，一掏衣服口袋，我才發現我那半便士搞丟了！我把頭埋在毛毯被單裡頭，哭得像個孩子似的！我還要說一次，要是連我在那樣的情況下，都還能夠克服這些障礙，那在這整個世界上，還有什麼是年輕人可以拿來當作無所事事的藉口？」

我們知道，在倫敦有個法國政治流亡人士，對於學習表現出同樣堅毅勤奮的驚人實例。這個人他一開始是個石匠，起先由於工作馬虎，他失去了工作，窮困隨即跟隨著他。他在面臨這困境時找上了一個同樣是流亡者，現在正在教授法文而獲利不少的同鄉，請教他應該怎麼賺錢謀生。對方給他的答案是：「當個教授！」「教授？」那石匠問道，「我，不過是個工人，只會說些土話！你當真不是在開玩笑？」「恰恰相反，我可是相當認真的，」對方說道，「而且我要再跟你建議一次——當個教授；跟在我底下學，我會教你怎麼教其他人。」「不，不！」石匠回答道，「這不可能；我太老了，學不了東西；我一點也沒有學者的樣子；我不可能變成一個教授。」他離開了這人，試著回頭找他專長的工作。從倫敦到鄉間，他走了幾百哩都毫無所獲；他找不到一個師父。回到倫敦後，他又去找那位給他建議的人，說道：「我到處找工作，可是都找不到；我現在願意試試看怎麼當個教授！」他立刻開始接受指導；而且因為他的勤奮不懈，吸收迅速，才智出眾，他對文法應用、句法與作文的規範，以及古典法文的正確發音很快就熟悉了。當他這位導師朋友認為他已經能夠開始教導別人時，幫他找到了個空缺就教起書來了；看看我們這位工匠，最後果真成為教授！這事果真發生了，他就在過去當石匠的倫敦郊區的神學院教書；每個早晨睜開眼睛，從他舒適的房間窗戶向外看到的第一樣東西，是他過去親手建造的一排小屋煙囪！有好一陣子他都在擔心會被村裡的人認出他是原來的那個工人，因此而壞了學校名氣。其實他根本不須擔心；他已經成為一位最優秀的老師，他的學生們不只一次地公開稱頌他所傳授的法文知識。同時，他也了解其他人對他的尊敬與友誼——學生也好，教師同仁亦然；而且當他們了解到他的奮鬥過程、他所面臨的困頓、他的過往事蹟之後，他們對他的欽佩更是有增無減。

還有許多傑出名人可以證明「活到老，學到老」這句俗諺有多真確。即使人到老年，還是能完成許多事情，只要他們有決心開始著手去做。史畢爾曼爵士（Sir Henry Spelman）在五、六十歲前還沒學過科學；富蘭克林開始全心研究自然哲學時已經五十歲了；德萊敦（Dryden）與史考特在四十歲前都還未成為知名作家；薄伽丘（Boccaccio, 1313-1375）⑦開始寫作生涯時已經三十五歲了；阿爾菲耶里（Alfieri）四十六歲才開始學習希臘文；阿諾博士到老為了讀尼布爾（Niebuhr）的原典才開始學習德文；同樣地，瓦特四十歲上下，在格拉斯哥當個儀器工匠時，學了法文、德文與義大利文，好讓他能細讀用這些語文所寫的機械學著作；湯瑪斯．史考特（Thomas Scott）在開始學習希伯來文時已經五十六歲了；霍爾（Robert Hall）年老才開始學義大利文，只為了能判斷麥考萊（Macaulay）對米爾頓與但丁的比較是否得當；韓德爾在開始出版他那些偉大作品時已經四十八歲了。的確，有上百個例子可以證明人在老年時才開啟新的道路，並且順利完成他們的嶄新研究。只有無賴或懶漢才會說：「我已經老到學不動了。」

我們在這裡可以重提先前曾說過的，能勤奮努力、奮鬥不懈的人，比天才更能夠推動世界、引領世界。儘管有許多不可否認的例子證明天才的早慧，但

「小時了了，大未必佳」卻是千真萬確。**早熟有時是種病徵而非才智的表徵。**所有的「聰明神童」長大後怎麼了呢？最優秀的模範生們都到哪裡去了呢？追尋他們一生，我們經常可以發現在學校裡被打敗的傻孩子居然過得比他們更好。聰明的孩子可以得獎，但他們靠聰敏機變贏來的獎賞對他們並不總是能帶來好處。更該獲得獎賞的，應該是努力、奮鬥與服從；因為，只有在儘管稟賦不如他人還能卯盡全力時，年輕人才會想要發憤圖強，凌駕於所有人之上。

我們應該寫寫關於劣等生——魯鈍卻傑出的一群人——的有趣故事。不過，我們在這裡只能簡單提幾個例子。畫家科爾托那．迪彼埃羅（Pietro di Cortona）在小時候被看作相當愚笨，人家給他起個外號叫做「呆頭」；儘管古義迪（Tomaso Guidi）日後憑著努力晉升高位，小時候卻以「胖子湯姆」（Massaccio Tomassaccio）之名為人所知。牛頓在學校時，是成績最差的一個，有個成績稍贏過他的孩子踢了他一腳，牛頓忿忿地向他挑戰，痛扁了對方一頓。自此牛頓便開始下定決心，立志要在學業上擊敗所有對手，最後果然成功了，他成為了全班第一名。

我們有許多神職人員原本大有可為，只可惜過於早熟。艾薩克・貝婁（Isaac Barrow）在卡爾特修道院學校（Charterhouse School）讀書時，因為頑劣的脾氣與愛惹是生非，又不肯好好讀書而惡名昭彰；他的雙親為此倍感憂慮，父親甚至常說，要是上帝要從他的孩子裡帶走一個，他希望被帶走的是最沒出息的艾薩克。克拉克（Adam Clarke）小時候儘管能夠力推巨石，卻還是被父親說是「頑劣難馴」。綏夫特教長（Dean Swift）在都柏林大學就讀時遭到「開除」，都柏林大學給他前往牛津的推薦函上寫的只有「非常感謝」。知名的查摩斯博士（Dr. Chalmers）與庫克博士（Dr. Cook）小時候一起就讀於聖・安得魯（St. Andrew）的教區學校；他們都被當作調皮的蠢材，學校老師被他們氣到沒輒，把他們當作無可救藥的劣等生給開除了。

聰慧的愛爾蘭劇作家雪利登（Sheridan, 1751-1816）在小時候表現並不出色，他的母親帶他到老師那兒去時，說他是個無可救藥的笨學生。瓦特・史考特（Walter Scott, 1771-1832）⑧小時候也是個壞學生，喜歡「鬥嘴」勝過讀書寫作業。

在愛丁堡大學，達澤爾教授（Professor Dalzell）念過他寫的文句後，說道：「他之前是個蠢材，之後他一樣還會是個蠢材。」英國詩人查特頓（Chatterton, 1752-1770）被退學時，學校向他母親說他「是個傻子，成不了事。」蘇格蘭民族詩人伯恩斯（Burns, 1759-1796）是個魯鈍的小孩，只有體育運動表現不錯。金斯密（Goldsmith，愛爾蘭作家、醫師，1728-1774）說他自己像是棵很晚才開花的樹。阿爾菲耶里（Alfiere）離開學校時沒比入學時聰明多少，而且直到他跑遍大半個歐洲，他才開始在研究上嶄露頭角。克萊夫（Robert Clive）年輕時就算稱不上惡棍，至少也是個壞學生；但他隨時充滿活力，就算要幹壞事也一樣。他們家可樂得擺脫他，送他前往馬德拉斯（Madras）；他在那裡建立起了大不列顛在印度的勢力。拿破崙與威靈頓也都是傻孩子，在學校的表現一點也不突出。⑨達貝朗公爵夫人（Duchess d'Aberantes）曾這樣說拿破崙：「他身體強健，但是其他方面就跟一般男孩沒什麼兩樣。」

美國的總司令葛蘭特（Ulysses Grant）曾被母親叫做「無用的葛蘭特」（Useless Grant）——他小時候是個笨拙無趣的小男孩；李將軍手下最優秀的中尉

傑克森（Stonewall Jackson）年輕時，也以遲鈍著稱。不過，在西點軍校就學時，他倒是展現出過人的毅力與堅決。當他受命完成工作時，除非徹底掌握，否則絕不肯離開崗位；他也不會假裝擁有他毫無所悉的知識。有個認識他的人寫道：「每次，當他在學校被叫起來回答當天的題目時，他會說：『這部分我還沒看過；不過我已經完全掌握了昨天與前天的題目。』結果他在全班七十人中，以第十七名的成績畢業。乍看之下，或許全班沒有一個同學的學識成就是傑克森能比得上的；但這長跑最後的結果卻只有十六個人跑在他前頭，他一點也不輸給剩下的那五十三人。他們同學常說，要是學校畢業年限是十年而非四年，傑克森一定會以第一名畢業。」⑩

慈善家霍華（John Howard）也是另一個劣等生的例子，他在學校的七年間幾乎沒有學到任何東西。史蒂芬牛年輕時，以投擲與角力的技巧，以及對工作的專注而聞名。聰慧的戴維爵士小時候不比其他孩子聰明；他的老師卡督博士（Dr. Cardew）有次這麼說他：「他跟我在一起的時候，我絲毫感覺不出來他有這麼特別。」的確，戴維在晚年時認為他很幸運能夠在學校「享受這麼多閒情逸致」。

儘管大家都聽過瓦特早熟的故事，但他卻是個愚笨的學生；不過，好在他極有恆心毅力，而且正是靠這些特質，靠他細心耕耘的創見，讓他能夠把蒸汽機一再改良。

阿諾博士對小孩的說法，同樣適用在大人身上——要區分一個孩子與其他孩子有什麼不同，與其從天份來看，不如從活力來看。有了堅毅與活力，很容易就能養成習慣。要是資質差的學生能夠有恆心努力，他無疑會比沒有這些特質的聰明同學更加優異。這正是後發而先至。要看恆心的有無，才能解釋在學校的排名為何往往與人生的際遇恰恰相反；而且值得令人注意的是，有些絕頂聰明的孩子最後卻庸庸碌碌；但其他不被看好的傻小子，腳步雖緩卻穩健，最後坐上了領導者的位子。筆者小時候在學校跟一個世上最大的笨蛋之一同學。老師們一個接著一個地使出看家本領來整治他，卻個個都無功而返。老師們最後都放棄了那個孩子，說他是無可救藥的笨學生——老師中甚至有人說他是「絕世蠢材」。但是，儘管他遲鈍愚魯，這個笨學生對他的目標倒是有一股堅持到底的蠻勁，而且隨著年紀增長，這股蠻勁也逐漸增加；奇怪的是，當他最後真的開始做起事業來，他比大部分學校同學幹得都出色，把絕大部分的人都遠遠拋在後頭。筆者上次聽到關於他的消息時，他已經成為家鄉的地方法官。

在正途上前進的烏龜可以擊敗跑錯路的兔子。青年人遲鈍不要緊，只要他勤勉努力就好。有些部分過於迅捷可能成為缺點，因為學得快的學生往往忘得也快；而且也因為他認為不需要培養那些遲鈍的人不得不學的努力與恆心，但這對每個人品格的養成而言，是多麼重要的元素啊！戴維說過：「是我將自己塑成了現在的模樣。」這句話的確是放諸四海而皆準。

總結來說；最好的教化不是在學校從老師那兒學來，而是靠我們真正成人後的勤奮自學。因此，父母對子女的栽培實在不需揠苗助長。就耐心地等著、看顧著，讓優秀的典範與無聲的教誨來為他們施教，其餘的一切就留待給上帝安排吧。父母可以發現，讓孩子透過自由地活動筋骨，身體的確會健康強壯；將孩子好好安置在自修的道路上，細心訓練他培養勤奮堅毅的習慣，等到孩子長大了，要是他真的是塊能成材的璞玉，他會更積極活潑地教化他自己。

註釋

①即現今澳洲的塔斯馬尼亞。

②編註：伯里特（Elihu Burritt, 1810-1879），美國慈善家、語言學家、社會運動家。

③見喬治・羅斯（George Ross）博士著，〈自我發展：給學生的建言〉（Self-Development：an Address to Students），一至二十頁；重刊於《醫療通訊》（*Medical Circular*）。這份我們奉為圭臬的建言包含了許多關於自修的精闢看法，通篇內容鞭辟入理，極適合擴大篇幅重新出版。

④編註：法蘭西斯・霍納（Francis Horner, 1778-1817），英國政治家、經濟學家。

⑤編註：傑羅爾德（Douglas Jerrold, 1803-1857），英國劇作家、作家。

⑥編註：福克斯（Charles James Fox, 1749-1806），英國政治家，支持廢奴、美國獨立與法國革命。

⑦編註：薄伽丘（Boccaccio, 1313-1375），義大利作家、詩人，著有《十日談》。

⑧編註：瓦特・史考特（Walter Scott, 1771-1832），蘇格蘭歷史小說家、詩人。

⑨作者註：《愛丁堡論評》（*Edinburgh Reviews*）一八五九年七月號有篇文章說：「公爵的天賦似乎還未曾發展，直到面前有他一展長才之處才有所發揮。他那採取斯巴達式教育，把他教成個笨學生的母親，說他不過像是『炮灰』一樣。他沒有展現任何特殊之處，不管是在伊頓或在法國安格斯軍事學院（French Military College of Angers）皆然。」今日看來，或許競爭激烈的測驗甚至會把公爵排

除在合格人選之外也不一定。

⑩作者註：原文刊於一八六三年六月十一日《泰晤士報》。

自助——國家與個人

Self-Help——National and Individual

最不堪的奴隸不是服侍暴君，
而是束縛於自身的無知、自私和墮落。

國家之價值，就長期而言，乃由這個國家所有個人之價值所創造。

——彌爾（J. S.Mill）①

我們太過信任體制，卻將人看得太輕。

——迪斯列里（B. Disraeli）②

「天助自助者」是個顛撲不破的格律，精簡地含納了複雜多樣的人類經驗。自助的精神，是所有個人能真正成長的根本；而且，從許多例證看來，自助精神更是國家生命及力量的源頭。藉由外來的協助，其效果常顯得軟弱無力，但自內而發的助力，卻總是能鼓舞人心。無論你為某些人或某些階層奉獻了什麼，就某種程度而言，都會扼殺了他們為自己努力的動力。當人們屈從於領導指揮時，則無可避免地會顯得無助。

即使是最優良的制度，也無法主動給予人們協助。這些制度能做到的，或許頂多只是讓人能自我發展，並改善自己的生活環境。而一般人總是相信他們自己的福祉是透過制度來保障，而非透過自身的作為可以達致。是故，法制做為人類進步動力的價值經常被過分高估。身為在立法制度中的百萬分之一，無論個人對這份責任多麼認真重視，透過每三、五年投票選出一、二人的方式，對於每個人自身的生活與性格所產生的積極影響卻是少之又少。更何況，政府只具有消極有限而非積極主動的功能，現在已經逐漸成為社會共識；而其功能在原則上可以說是對於生命、自由與財產的保護。法律，透過明智地執行，藉由個人相對的一些小小犧牲，可以確保人們無論在心靈或物質上都能享受自己勞動的成果；但無論任何嚴格的法律，都無法令懶惰變勤奮，轉豪奢成節儉，化酩酊作清明。這樣的改變只能透過個人的行為、節約，以及自我克制，才可能實現；培養良好的習慣，優於被更大的權力來改變。

國家政府本身經常被看成是反映構成這國家的每個個體。**一個優於人民的政府往往無可避免地會被往下拉到與民眾相同的水準，而一個劣於人民水準的政府遲早也會被向上提升到與人民水準相當的層次。**就自然規則而言，國家的集體性格會彰顯在其法律及政府組織上，就像水面總會保持一個定準一樣。

高尚的人民會受到高尚的統治，而無知的人民則會受到無知腐敗的統治。經驗在在證明了國家的價值與力量，與其說取決於其制度形式，不如說取決於其人民的品格。因為國家就是個人狀態的集合體，而文明本身就是構成這社會中所有男女老幼人品進展的問題。

國家的進步，是因為個人的勤奮、活力與正直；國家的腐敗，則是源自個人的怠惰、自私與缺德。我們時常加以非難的社會之惡，大部分都是個人墮落生活的後果；儘管我們力圖革絕這些惡風，想透過法律加以根除，但除非個人的生活與品格有了根本的改善，否則這些禍害將會一再以不同的面貌更形猖獗。這種觀點如果正確，那麼構成最高貴的愛國情操與人性關懷的原因，與其說是法律與制度的改進，不如說是由幫助與促進人們藉由自己獨立的自由行為來增進自我提升。

相較之下，**個人受到外在宰制所造成的影響其實不大；相對地，一切都取決於內在如何主宰自己。最不堪的奴隸不是服侍暴君，而是束縛於自身的無知、自私與墮落。**一個在心靈上處於如此奴化狀態的民族是無法僅僅透過更換君主或改變制度就得以獲得解放的；而且，只要在心態上他仍抱持著依賴政府來獲得解放，就算情況有所改變，姑不論代價如何，其效果也只能像走馬燈上的花樣般短暫而虛幻。自由的堅實基礎必須建立在個人的品格上；這也是社會安定與國家進步的唯一保證。約翰．彌爾（John Stuart Mill）說得好：「只要個人的個體性還能存續，那麼即使專制也不會導致最壞的後果；但只要會摧殘個人個體性的任何政體，就是專制，不管我們以何名義名之。」

對人類進步的古老謬論總是一再出現。有些人期盼凱撒（Caesar）般的強人，有些人則倡言獨立國家（Natioralities），還有些人則訴諸國會法案（Acts of Parliament）。我們期待明君出現，屆時將會「天下歸心」③。這種信念恰恰顯示出，雖然一切作為都是為了人民，卻不是由人民所決定——若以這種信念做為指引，必定會摧毀社會良心，加速各種形式的暴政來臨。強人主義展現了人心怠惰最糟的一面：對於權力的單純崇拜，與對財富的單純崇拜一樣墮落。能夠導引國家向上的健全信念就是自助；只要能對此徹底瞭解並加以實踐，強人主義必將不復存。這兩種原則是針鋒相對的；雨果（V. Hugo）對於筆與劍的話語，正好可做為這關係的比擬：「這些會摧毀那些（Ceci tuera cela）。」④

對國家獨立與國會法案的崇拜，也是常見的迷信。威廉・達根（William Dargan）這位真正愛爾蘭愛國者，在第一次都柏林工業展（Dublin Industrial Exhibition）結束時所說的話頗值得作為借鏡。「說真的，」他說，「在我的心目中，在我們自己的國度裡和在我們的同胞中，我聽得最多的是如何從這裡或其他什麼地方去獲取獨立，如何把希望寄托在那些在我們身邊的、來自其他國家的人們身上等論調。但我跟所有人一樣重視這種交流所帶給我們的極大好處，我總是深深感到，我們在工業上的獨立地位，完全依賴自己。我相信，透過勤奮與精確地發揮我們的能量，我們現在面臨的將是前所未見的大好機會。我們已經邁出一步了，但唯有努力不懈才是成功的最佳法門；如果我們能積極面對，我絕對相信，在短時間內我們就能達到與其他民族一樣安逸、幸福與獨立的地位。」

所有的國家都是經由許多世代的人們不斷思考與努力才形成今日的面貌。各個不同生活階層的人們，例如農夫、礦工、發明家、探險家、製造商、機師、工匠、詩人、哲學家與政治家等等，透過耐心與不懈的毅力，共同創造出這偉大的成就；每個世代都建立在前一個世代的努力上，並將之提升至更高的層次。這種建造文明的高尚工作持續傳承，在工業、科學與藝術等各領域中開創出新的秩序來；我們在這自然發展中，繼承了前人以技巧與勤奮打造出的財富，也透過我們胼手胝足的努力，不僅使它毫髮無傷，更加以改善，並留傳給後人。

自助精神，一如在人們的蓬勃作為中所展現的那樣，已經成為英國人品格的一大特徵，並成為衡量國力的真正指標。在芸芸眾生之中，我們總能發現有一群望重各界的傑出人物。但我們文明的進展，卻也同時歸功於更多名不見經傳的小人物。儘管歷史上所有偉大的戰役都是一將功成萬骨枯。同樣地，生活也是場「小兵戰爭」——在這場戰爭中奮鬥的每個人，都是最偉大的英雄。有許多人籍籍無名，卻大大影響了文明的進展，就像那些有幸名留青史的偉人一樣。即使是最卑微的人，只要他展現出勤奮、清醒與正直的生活典範，也會對未來的國家福祉造成影響；因為他的生活與品格已經悄悄地進入了其他人的生命之中，而且為後世樹立了良好典範。

日常的生活經驗已然昭示，積極的個人主義對於他人的生活與作為會產生最大的影響，同時也是最佳的身教典範。相較之下，各類學校與學院所能提供的僅僅只是文化的開端。對人影響更為深遠的，是每天發生在我們家中、在街道上、在櫃台邊、在工房中、在織布台旁、在鋤鏟之間、在工廠裡，以及在每個人身上所展現的生命教育。這是對社會成員的最終指導，席勒（Schiller）⑤稱之為「人類的教育」，包括了行為、舉止、自我教化與自制，這些全都是為了要真正地教養個人，使他能夠勝任生活中的各種責任與事項，這是種不在書本上，也無法透過任何文字訓練所能習得的教育。培根（Bacon）⑥以其一貫口吻說過：「研讀無法教導什麼；但透過觀察，卻能夠發覺一種不依賴研讀，而且更勝過研讀所得的智慧」；這說法對真實生活再真確不過，就像這位智者的教誨一樣真切。所有的經驗在在顯示並增強這教訓：人透過實作比透過閱讀更能令自己獲得成全——讓人類日新又新的，是真正的生命而不只是文藝，是確實的行動而不只是研讀，是真實的人格而不只是傳記。

人物傳記，尤其是那些善良的偉人，是最具啟發性與實用性的，這些記載對其他人而言是借鏡、指引與鼓舞。在最傑出的典範中，有些甚至可比擬為教會——教導崇高的生活、崇高的思想與為了世界福祉與自身幸福的積極行動。他們藉由一種充滿說服力的語彙，亦即他們的自我成就，展現出自助精神、堅忍卓絕、百折不撓與無比廉正的典範，體現了何為真正的高尚與品格；他們也清楚闡明了**藉由自尊與自立，即使是最卑微的人也能夠為自己掙得誠實的報酬與尊貴的名聲**。

在科學、文學、藝術領域的偉人——這些偉大思想的門徒與高貴心靈的大師，並非專屬於任何生活階級的特產。他們可能來自學院中、工房裡，或是農場上；他們可能出身自貧農的小屋，或是富豪的高屋廣廈。在神的使徒中也有些出身極低微，最貧賤的也有位極頂峯的時候；即使是看來最不可能解決的困難，也無法阻礙他們的行進。在許多例證中，那些極大的困難，有時看來反而是對他們最大的助力，能夠激起他們努力與忍受的能耐，並給可能早已荒蕪的生命帶來蓬勃生機。阻礙可以因此被超越，成功可以因此而達致，這些例子多得不勝枚舉，簡直可以說是「有志者事竟成」的最佳證明。我們可以在現實中得到驗證，例如神職人員中最具詩意的泰勒（Jeremy Taylor）⑦，他出身理髮師傅；還有例如多軸織布機的發明者與棉紡業的奠基者阿克萊特爵士（Sir Richard Arkwright）⑧、傑出的大法官田特登閣下（Lord Tenterden）⑨、風景畫大師特納（Turner）⑩等等，都是如此。

沒有人知道莎士比亞背景如何，但無疑出身低微。他的父親是個肉販與牲口販子；據聞莎士比亞本人早年曾從事過梳理羊毛的工作，儘管有許多人堅稱他是學校的門房，後來則擔任公證人的書記。他確實看起來不像任何一種人，但卻是所有人的縮影：他描寫海洋的辭句如此生動，令海員都認為他曾經當過水手；教士們則從他的文筆脈絡中，斷言他可能是牧師的書記；有位傑出的馬匹鑑定人則堅信他一定當過馬販。莎士比亞確實是個演員，在他的生命中「從事過許多角色」，他透過這廣泛的經驗與觀察得到了無比豐富的知識。無論如何，他必定是個嚴謹的學人，也是辛勤的工作者；時至今日，他的作品仍持續對英國人的品格發揮著莫大的影響。

有位知名的博物學家叫做愛德華（Thomas Edwards），在班孚（Banff）一邊製鞋，一邊進行自然科學各個分枝研究；而他透過對小型甲殼類生物的研究，發現了一個新物種，現在被博物學家們命名為「愛德華氏嗞體」（Praniza

Edwardsii）。

裁縫中也不乏傑出人物。約翰．史寶（John Stow）這位歷史學家，曾經從事過這門行業。畫家傑克森（Jackson）在成年之前都在製作衣裳。英勇的約翰．霍克蘇爵士（Sir John Hawkswood），在波依提爾（Poictiers）大顯身手，連愛德華三世（Edward III）都因其英勇而封他為爵士，但他早年卻也曾在一位倫敦的裁縫手下當過學徒。一七〇二年在維歌（Vigo）首開戰火的霍伯森艦長（Admiral Hobson）也曾做過同樣工作；他在懷特島上邦秋齊（Bonchurch）附近的一個裁縫手下當學徒，當滿載軍士的艦隊將要駛離小島的消息傳來時，他立刻從店裡奪門而出，與同伴們奔向岸邊，親眼目睹這燦爛的一刻。這小男孩頓時燃起成為一名海員的雄心壯志，跳上一艘小船，追上了艦隊旗艦，並獲准成為自願軍。數年之後，他榮歸故里，並在當年擔任學徒的小屋裡吃培根煎蛋當晚餐。但最偉大的裁縫無疑是美國總統安德魯．強森（Andrew Johnson）。他擁有超凡的品格力量與智慧勇氣，在華盛頓發表演講時，提及他從擔任市議員開始從政，見識過了議會的種種面貌，此時突然從人群中爆出一聲：「你是從裁縫出身的！」強森回答：

「有些紳士說我曾經是個裁縫。這並不令我感到困窘；因為我在當裁縫的時候，就受人肯定是個好師傅，手藝保證服服貼貼。我總是能夠為客戶量身訂做，而且全力以赴。」

為崇高的天文學帶來最大衝擊的人裡，我們可以看到波蘭麵包師傅之子哥白尼；克卜勒這個德國旅店老闆之子，自己還是個餐廳侍者；達朗伯（d'Alembert）[11]是某個冬夜在巴黎聖尚．勒朗教堂（St Jean le Rond）階梯上發現的棄嬰，後來由玻璃工人的妻子養育成人；牛頓與拉普拉斯（Laplace）兩位大師，一個是格蘭瑟姆（Grantham）附近小地主之子，另一個則是伯蒙昂諾日（Beaumont-en-Ange）——鄰近翁福勒爾（Honfleur）——的貧農子弟。儘管他們早年的生活處境相當困阨，這些傑出的人士都擁有舉世之財富也買不到的天份，並充分發揮，建立起穩固而長久的名聲。

擁有財富可能確實是個比這些人所出身的卑微環境更為鉅大的障礙。天文學家與數學家拉格朗日（Lagrange）的父親，在杜林（Turin）負責戰務會計，但是因為投機買賣的失敗，使得全家陷入貧困的窘境之中。拉格朗日後來的聲名與幸福，部份要歸功於對這種困境的適應。「要是我很有錢，」他說，「我可能就不會成為一個數學家。」

這些藉著勤勉不懈與充沛精力，讓自己從該行該業中最卑微的階級攀升到最為傑出，影響社會甚鉅的典範人物，可說層出不窮，絕非特例。我們可以看到在這群優秀的人才中，有些人早期所面臨的困阨與艱辛，可以說是他們獲得成功所不可或缺的必要條件。英國眾議院中，一直有許多像這樣自立自強的人才——他們真的可說是勤奮人民的代表；對這些人才的歡迎與尊崇也正是我們立法單位的成就。已故的沙爾佛（Salford）代表布洛德頓（Joseph Brotherton）在討論十小時法案（Ten Hours Bill）時，娓娓陳述了他在棉紡廠當童工時所經歷的悲慘處境與辛勞疲憊，並說出他所想到的解決方法，亦即若他有能力，就要致力於改善這個階級的處境；詹姆士．葛拉漢爵士（Sir James Graham）在議會一片喧譁中緊接著布洛德頓起身發言，坦言自己從不知道布洛德頓的出身如此卑微，但這事實卻讓他更為擔任眾議員一職感到前所未有的光榮，因為這樣一位從這種困境中奮鬥出頭的人，如今也能和受祖蔭享封土任要職的人平起平坐。

已故的歐德罕（Oldham）代表福斯先生（Mr. Fox）經常在回憶他過去的點點滴滴時這麼說：「我在諾威治（Norwich）當個紡織小弟時如何如何……。」國會中還有許多其他出身一樣低賤的議員至今仍然健在。著名的船商林賽先生（Mr. Lindsay）之前一直是桑德蘭（Sunderland）的代表，有一次在面臨政敵對他的無情抨擊時，向威茅斯（Weymouth）的選民們簡要道出他的人生故事。他在十四歲時成了孤兒，並從格拉斯哥到了利物浦去開創人生；由於盤纏不足，蒸汽船的船長准許他用勞力充抵船資，他便一路靠著將煤炭鏟進火爐中抵達目的地。他在利物浦過了七週才找到一份工作，那段時間裡他只有極低的工資，而且只能棲身獸圈；最後總算落腳在一艘西印度人的船上。他初登船時還是個小男孩，但他在十九歲前便靠著穩定的優秀表現，受命指揮船隻。他二十三歲時放棄了跑船生活，定居岸邊，從此人生一帆風順，他說：「我今日的成就，是靠著勤奮不懈，與努力工作，並且一直按著各位對待他人時所採取的高尚原則而行。」

出身柏肯黑（Birkenhead）的北德比郡（North Derbyshire）代表傑克森先生（Mr.

William Jackson），他的經歷與林賽先生極為相似。他父親是位在蘭開斯特執業的醫生，死時留下了嗷嗷待哺的十一個孩子，傑克森在這群孩子中排行老七。年紀較長的哥哥們在父親在世時接受過良好教育，而年幼的弟妹們在父親死後只能靠自己努力以躋身上流社會。傑克森在不滿十二歲時便輟學，從早上六點到晚上九點都得在船隻旁邊辛勤工作。雇主後來健康不佳，要傑克森進會計室幫忙，這讓他有了較多的空閒時間，也有了讀書的機會。他在此能接觸到整套的《大英百科全書》，每天（多半是夜裡）一點一點地從頭讀到尾。後來他開始做起生意來，並藉著勤奮努力而成功。現在世界各大海洋上都有他的船隻航行，世界各國也都與他有著密切的貿易關係。

所有的例子都顯示出，唯有個人努力不懈，才能換得傑出成就；優異絕非慵懶怠惰所能獲致。唯有靠著勤奮的雙手與腦袋才能致富——要透過在智慧與工作中的自我教養與增長才能得到。即使是生來優渥富裕的人，想要獲得屬於自己的名望，也只能透過積極的努力方能成就；儘管能從前人手中繼承田產土地，卻無法繼承前人的知識與智慧。**富人能以酬薪給付為他工作的人，但他該如**

何思想卻無法找人代勞，也無法用錢買到任何的教養。

顯而易見地，富裕無虞並不是人類最高成就的必要條件，不然這世界就不會經常因出身卑微的人而急遽進步了。優渥奢華的環境無法讓人奮發向上或面對困境，也不能夠喚醒促成生命中積極作為所必需的良知力量。誠然，貧困是種不幸，但藉由自助的充沛力量，卻能轉變成為好運道；貧窮非但不會變成不幸和痛苦，通過吃苦耐勞、堅韌不拔的自助勞動，它也許會轉化成為一種幸福；它能喚起人們奮發向上的激情，並為之勇敢地戰鬥。某些意志薄弱者也許會通過自甘平庸或墮落來換取閒適安逸，但是，那些精神健康和心靈堅定頑強的人則會從中獲取他們的力量、信心和勝利。培根說得好：「人們似乎不了解自己的財富與力量：對於前者，人們竟把它信奉為無所不能的東西；對於後者，人們又太不把它當一回事，對自己的力量太缺乏信心。自立自制教導一個人飲自己池中的水，吃自己甘美的麵包，學著真正靠自己過活，並謹慎地投身於自己所信賴的美好事務。」⑫

富貴是通往悠閒放縱的極大誘惑，人們天生對此毫無抵抗能力，正因如此，出身富裕卻能積極從事勞作，也就是那些「蔑視歡愉，甘事勞務」的人，他們的成就便更顯輝煌。那些富而勤勉的家庭實在是光彩極了；他們不僅盡了為國分擔的工作責任，更經常擔負了所應承受的危險。有段關於半島戰役（Peninsular campaigns）的趣聞，一位陸軍中尉在隨著部隊跋涉過重重泥淖時說道：「這下可砸掉一整年的薪水一萬五千英鎊了！」時至今日，在賽巴斯托波爾（Sebastopol）的山巔與印度熾熱的土地上，還有許許多多像這樣自願投入平民百姓工作的名門望族；許多有權有地的仕紳階級甘冒危險，甚至犧牲生命，在各個領域奮鬥不懈，只為了向自己效忠的國家盡一份力。

富裕階級也未曾不在哲學與科學的平靜追尋上嶄露頭角。舉例來說，偉大的培根（Bacon）是近代哲學之父，而烏斯特（Worcester）、波義耳（Boyle）、卡文第緒（Cavendish）、塔爾波特（Talbot）與羅斯（Rosse）等人則奠定了今日的科學。尤其是羅斯，他或許是貴族中最偉大的機工技師，要不是他出生在貴族家庭中，或許很可能成為一位頂尖的發明家。他對鍛工的知識極為徹底，據說他曾經受一位不知名的製造商的要求，擔任一座大型工坊的工頭。他所製造出的羅斯望遠鏡碩大無朋，無疑是同類儀器中最為傑出的作品。

布洛罕閣下（**Lord Brougham**）的殷勤努力可說是有口皆碑。他努力從事公共事務，前後超過六十年，期間他在法律、文學、政治與科學等各個領域皆有涉獵，而且都達成了極為傑出的成就。但他究竟是怎麼辦到的，卻一直是個謎。有一次，羅米利爵士（**Sir Samuel Romilly**）被要求負責一些新工作，他藉口自己過於忙碌而推辭了；「不過，可以去找布洛罕問問，那傢伙似乎對什麼事都能擠出時間來辦。」箇中奧妙在於布洛罕從不浪費任何一分鐘；何況，他還有個鐵打的身體。到了一般人都要退休享享清福，甚至在安樂椅上打盹夢酣的年紀時，布洛罕開始進行一連串對於光的定律的研究，並且將觀察結果送到巴黎與倫敦以供審閱。約莫同一時刻，他完成了令人極為驚嘆的《喬治三世時期的科學家與文學家》（**Men of Science and Literature of the Reign III**）草稿，並且全程參與在上議院進行的法律與政治討論。希尼・史密斯（**Sydney Smith**）有一次向他建議要他專心在三個大漢能夠完成的事填上就夠了。但是布洛罕對工作的熱愛，已成為積習，讓他對再多的工作份量都不覺辛苦，而他對追求卓越的激情也同樣熱烈，據稱若要他去當一個擦鞋匠，那他若不成為全英格蘭最優秀的擦鞋匠，他是絕不肯罷休的。

同樣出身望族的另一個勤奮為事的代表人物是李頓爵士（Sir E. Bulwer Lytton）。少有其他作家能像他一樣，遑論超越他在各種文體上的傑出成就：小說、詩歌、劇作、歷史、散文、演講稿與政論等等。他可是一步步奮鬥得來，不屑於一步登天，而且始終對於出人頭地抱著一股熱切的渴望。在這一行的濟濟人才裡，如今只有幾位尚存人世的作家能夠完成如此大量的作品，更甭提沒有人能達到像他那樣高的水準。

李頓爵士的勤奮的確堪得這許多的讚譽，因為這全是靠他自己爭取得來的。他可以去狩獵、射擊、安逸度日；或是流連於俱樂部之間，徜徉於歌劇之中；抑或在「旺季」到倫敦觀光遊覽，回到鄉村大宅後，享受倉廩充盈的糧食，以及千百種戶外之樂；或者去遊歷世界：巴黎、維也納、羅馬等地，這一切對一個出身富貴又熱中追求享樂的人而言實在是極大的誘惑，更別說要讓人能自願不斷地從事任何工作。但是儘管這些逸樂唾手可得，李頓爵士卻不像其他類似出身的人一樣，他摒棄了這些誘惑，並為自己訂立成為文學家的志向。他和拜倫（Byron）一樣，嘗試以寫詩開始（〈雜草野花〉〔Weeds and Wild Flowers〕），他的文學生涯卻遭到挫敗。他的第二次嘗試是寫部小說（《福克蘭》〔*Falkland*〕），事實證明還是失敗了。敏感脆弱的人可能從此就放棄寫作一途了；但李頓爵士有著勇氣與毅力，堅持要寫出一片天。他不停地嘗試，廣泛地閱讀，並且從失敗中記取教訓再次奮起。他在《福克蘭》之後的一年內完成了《佩勒姆》（*Pelham*），這部小說與他寫作生涯的其他作品，已成為廣受好評的佳作。

儘管透過個人的勤奮與努力可以獲得豐碩的成果，我們同時也必須肯認我們在一生中從他人所得到的協助也扮演了極為重要的角色。詩人華茲渥斯說得好：「這兩者，儘管看來南轅北轍，卻必須密切結合——互相配合與互不干涉，互信互賴與自信自賴。」從襁褓到年老，我們或多或少都有賴於其他人對我們的養育與教化；最強壯與最優異的人，往往也都是最能夠對這些協助懷抱謝忱的人。舉個例子，已故的托克維爾（Alexis de Tocqueville），他的出身可說是富上加富，他的父親是法國一位傑出的貴族，母親則是馬爾塞布（Malesherbes）的孫女兒。透過家族的強力影響，托克維爾二十一歲時便受派為凡爾塞宮的審計長（Judge Auditor），但或許是他自認不是憑藉自己的能耐公平地取得這份職位，他決定放棄這份職務，並只靠自己來開創未來的道路。有些人可能會說：「多麼愚蠢的決定啊！」但托克維爾卻勇敢地選擇了這條路。他辭去職務，並要求自法國離開到美國去遊歷，這次旅行的結果促成了他的曠世鉅作《民主在美國》（*Democracy in America*）。與他一同旅行的友伴波蒙（Gustave de Beaumont）細述了托克維爾在旅程中所展現的無窮精力。「他的性子，」他說，「是極厭惡怠惰的；不管他是在旅行或是休憩，他的心裡總是在工作。……對亞歷克西而言，最令人愉悅的對話就是最實用的；最糟糕的日子就是荒度時日，或是勉為打發；

即使是浪費再短暫的時間也會令他心生不悅。」托克維爾自己寫給朋友的信中這樣說：

「在生命中，沒有一絲光陰可以容人完全停止行動；因為個人自身之外的努力，還得加上個人內在的努力，這兩者同等必要；在年老時如此，年輕時更是如此。我把人在這世間的生活，看作是一個旅人不停地向愈來愈冷的地區探險的旅程；緯度愈高，他就得走得愈快。靈魂的重病就是僵冷。為了要對抗這頑強的邪惡，我們不僅需要有一顆熱切活動的心來支撐，還得要靠生命中與其他友伴的相交往來才夠。」⑬

儘管托克維爾確定了發揮個人精力與自立精神的必要性，他也承認沒有人能夠毫不承認或多或少從他人處得到協助之價值。因此，他經常滿懷感謝地感激他的好友德．凱葛雷（De Kergorlay）與史托菲爾（Stofells）——前者給他智識上的協助，後者則給他良心上的支持與關懷。對德．凱葛雷他寫道：「您是我唯一有信心的人，您對我的靈魂產生了極為深刻的影響。許多人在我的行止細節上造成了一些影響，但是從沒像您一樣在根本的觀念與行為的原則帶給我這樣大的改變。」托克維爾也毫不否認他的妻子瑪莉（Marie）對他的恩惠，她讓他的心靈安定並充滿勇氣，好讓他能夠持續的研究，直到成功。他認為一位擁有高貴心靈的女子，會不知不覺地提升她丈夫的品格，而擁有卑賤心靈的女子則恰恰會使丈夫品格日趨墮落⑭。

精確地說，人類品格乃是由千百種細微影響所形塑而成的；透過例證與規範、透過生命與文學、透過友伴與鄰人、透過我們所生活的世界，更透過我們先祖的精神，他們嘉言善行遺留給了我們。但是毫無疑問地，這些會造成重大影響的力量中，個人必須主動負起自己的福祉與行為；而且，無論有多少智慧與良善來自他人，個人本身在任何事情上都必定是他們自己最佳的助力。

註釋

①彌爾（John Stuart Mill, 1806-1873），英國哲學家、經濟學家，受邊沁（J. Bentham）影響，提倡效益主義（Utilitarianism），著有《政治經濟學原理》。

②迪斯列里（Benjamin Disraeli, 1804-188[illegible]），英國政治家、文學家，曾兩度擔任英國首相。

③作者註：見拿破崙三世（Napoleon III），《凱撒傳》（*Life of Caesar*）。

④雨果（Victor Hugo, 1802-1885），法國知名劇作家，代表作有《鐘樓怪人》（*Notre-Dame de Paris*）、《悲慘世界》（*Les Misérable*）等。此處所引為《鐘樓怪人》中歌詞。

⑤席勒（Friedrich Schiller, 1759-1805），德國詩人、哲學家、史學家、劇作家，與歌德並稱當時德國文壇翹楚。

⑥培根（Francis Bacon, 1561-1626），英國哲學家，提倡經驗論與歸納法推論的使用。

⑦泰勒（Jeremy Taylor, 1613-1667），英國聖公會教士及作家，曾於劍橋大學求學。為文風格頗具詩意，有「神職者中的莎士比亞」之稱。

⑧阿克萊特（Sir Richard Arkwright, 1732-1792），英國紡織工業家與發明家。

⑨田特登（Lord Tenterden, 1762-1832），英國大法官，出身貧寒。

⑩特納（Joseph Mallord William Turner, 1775-1851），英國著名畫家，是浪漫時期風格的代表人物之一，畫作主題多為山川、海洋等自然風景為主。

⑪達朗伯（Jean le Rond d'Alembert, 1717-1783），法國數學家、哲學家與作家，是《百科全書》的編纂者，提出代數基本定理。

⑫此處典故出自《聖經》舊約箴言第五章，喻憑己成事。

⑬見波蒙（G. de Beaumont）著《托克維爾著作與書信全集》第一卷，398頁。

⑭他說：「在我一生中，我曾經看過幾百次，一個軟弱的人能展現真正的公共德行，只因為有個妻子支持著他這麼做，而這並不是靠著指揮丈夫該怎麼做，好比在決定怎麼看待一樁責任或是抱負時發

揮強大的影響力。然而，我必須承認，在私人生活與公共生活中更為常見的是一個原本擁有慷慨無私，甚至是偉大能力的人，卻因而逐漸轉變為一個野心勃勃、心胸狹隘、粗俗自私的生物；而他對國家社會的關心，只是因為他把別人僅僅當作是讓自己生活過得更舒適安逸的工具罷了。」（見《托克維爾著作與書信全集》第二卷，349頁。）

毅力與勇氣

Energy and Courage

找到出路，或是去開創一條路。

只要決心成，便無不可能。

——賈克．科爾（Jacques Cœur）

天佑勇者（Den Muthigen gehört die Welt）。

——日耳曼諺語

凡他所行的……都是盡心去行，無不亨通。

——《歷代志》下第三十一章二十一節

有位北歐人記錄下一句老話，徹底表達出條頓民族的特性。「我不相信偶像，也不相信惡魔，」他說，「我只相信我自己身體與靈魂的力量。」

有一把鐵橇的頂端鐫刻著一句名言：「**找到出路，或是去開創一條路。**」表現出北歐人民至今仍同樣堅定獨立的特性。確實，沒有什麼比舉著巨鎚的神祇更能表現出北歐神話的特色了。我們從小事情中就能夠看出一個人的性格；即使是從怎麼攜帶槌子這樣的方式，某種程度上也能彰顯出這個人的能量。

有位優異的法國人以一句簡單的話，向一位想要在某地定居的朋友點出該地區的居民特性。「小心，」他說，「不要買那塊地；我認識那個地區的人；該地出身的學生到我們在巴黎的獸醫學校時，毫不努力，缺乏毅力，如果你在那邊投資會得不到滿意的回報。」精細而正確地評判該區人的性格，也顯出觀察者的思慮周密；這也特別彰顯了一個事實：**個人的能力形成國家的力量，並傳達出他們所生活的這塊土地的價值**。正如法國俗諺所說：「要人傑，要地靈。」（Tant vaut l'homme, tant vaut sa terre.）

品格的養成非常重要，對追求有價值的目標所抱持的堅定決心，是所有真正偉大人格的基礎。

剛強的毅力會讓人有能力克服艱難險阻，完成單調乏味的工作，忍受其中瑣碎而又枯燥的細節，從而使他順利通過人生的每一驛站。讓自己能夠在人生的每一階段逐步提升。這比天分更加重要，因為唯其如此，才不致半途而廢、心存僥倖。

傑出的天分並不是確保成功的必要條件，不如目標本身——不只是追求目標的力量，更包括堅持不懈與努力工作的決心。因此，意志的力量可以被定義為個人人格的中心力量——換言之，即是人自身。意志提供了每個行為的動力，更是每個舉動的精神。真正的希望奠基在此，而希望，則可為人生提供最實在的芬芳。在記功寺（Battle Abbey）裡頭有個破損的頭盔，盔上刻著：「希望就是我的力量（L'espoir est ma force）。」這句話足以作為每個人的座右銘。西拉（Son of Sirach）智訓中說：「禍哉！怯懦的人。」的確，沒有什麼祝福能比得上堅強的心靈。即使一個人屢遭挫敗，他也能因明白自己已充分盡力而滿足。在困阨的生活中，沒有什麼比看見一個人刻苦奮鬥，堅毅不拔，即使摩頂放踵，仍靠著自己的勇氣踽踽而行更能令人快慰了。

空有奢望或欲求，只會讓年輕的心靈染上疾病，除非他們能夠積極採取行動實踐。正如許多例證所示，「守株待兔」只會空等而毫無助益，人們必須努力不懈。一旦立下好目標，就必須即刻著手，不可須臾背離。生命中的多數時刻，苦役勞作都可被視為是最好、最完整的磨練，因而欣然接受。謝佛爾（Ary Scheffer）說道，「在生命中不經勞心勞力，便無成果可得。努力再努力，這就是人生；我的人生因此而充實。我可以自豪地說，從未有事物動搖過我的決心。說真格的，只要有堅強的靈魂與高貴的目標，一個人可以完成他所有的夢想。」

休．米勒（Hugh Miller）曾說他唯一真正好好受過的學校教育，就是「在大千世界裡的這所學校，而勞苦與困頓正是這所學校中嚴苛而高貴的教師」。讓自己懈怠不前，或是敷衍應付，就注定踏上通往失敗的道路。把自己所肩負的，當作是無可推拖的責任，就很快能應對自如並樂在其中。

瑞典的查理九世從年輕時就是個堅信意志力量的人。當他將手放在他么子的額頭上，交代兒子完成一件困難的任務時，他說：「他會成功的！他一定會成功！」要養成勤奮這習慣，就像其他習慣一樣，會隨著時間愈來愈容易。因此，即使是中人之資，只要他們每件事情都能全力以赴，毫不懈怠，也能夠辦成許多大事。英國廢奴運動先驅佛威爾・巴克斯頓（Fowell Buxton, 1786-1845）深知信心來自於實事求是；他完全能了解《聖經》上的誡命：「凡你手所當作的事，要盡力去做。」並將成功的人生歸因於「**一次只專心辦好一件事**」。

任何真正有價值的事非經全力以赴不足以成事。人的成長主要得助於主動奮鬥的意志，以及面臨困難時的努力；令人驚訝的是，許多看來不可能完成的目標，居然都能因此一一實現。殷切的期盼能夠將可能化為實現；我們的盼望經常會預示我們能辦到的事業。相反地，膽怯與猶疑絕不能成事，原因就在於絕望自身。有個關於一位年輕法國軍官的故事，說他經常在自己的住處邊踱步邊說：「我一定會當上法國元帥，一定會成為一個偉大的將軍。」他殷切的渴望兆示了他的成功；這位年輕軍官後來果真成為一位傑出的司令官，當他過世時，官拜法國元帥。

〈原意〉（Original）的作者沃克（Walker）對意志的力量堅信無比，有一次他說他「決定」康復，結果病情果真好轉。這種效果可一而不可再；儘管比服用處方藥劑安全得多，這種意念並不總是奏效。心靈對身體的影響無疑甚鉅，但這力量只能勉強支撐到身體垮台之前為止。據說當摩爾人的首領慕力．莫魯（Muley Molue）在病入膏肓而纏綿病榻之際，他手下的軍隊與葡萄牙軍隊發生了戰鬥；他在戰爭告急時從擔架上一躍而起，集結手下並率領他的部隊贏得了勝利，旋因油盡燈枯而殞命告終。

意志——或說是追求目標的力量——能夠讓人按照他心中所想的模樣，成為那樣的人，做那樣的事。有位聖人經常這麼說道：「你想要如何，你就會如何：因為我們的意志力量是如此的強大，它與聖神同在，因此無論我們想要成為什麼樣的人，若是真心盼望，且認真以待，我們就會成為那樣的人。沒有一個熱切盼望成為謹慎、忍耐、謙虛或自由的人，結果卻不具有那些性格。」有個關於木匠的故事，有一天，這個木匠比平常人更為細心地衡量該怎麼修復地方推事的座凳；別人問他為什麼這樣時，他回答：「因為我希望讓這張凳子能禁得起時間的考驗，直到我親自坐上這位子那天。」出乎意料的是，這個人後來果真成了地方推事，親自坐在這同一張凳子上。

無論邏輯學家為意志的自由推衍出了什麼樣的理論結果，每個人都確實覺得他自己是自由地在善惡之間做出抉擇——他不只是一根被拋入水中作為判斷水流方向的稻草，而是一位身懷絕技、本領高強的弄潮者，有能力乘風破浪，勇立潮頭，並在很大程度上自己掌握航向。

沒有什麼東西能絕對約束我們的意志，我們能在實踐中感覺到也能清醒地認識到我們的意志沒有被魔咒困住，沒有讓魔咒牽著鼻子走。要是我們不這樣想，那我們對想要卓越有成的所有冀盼都將成為泡影。

生命中的一切事務與行為皆遵行規則條理、社會安排以及公共制度，所有這些進展，都讓我們相信是出於自由意志的。若非如此，哪還能談責任呢？更何況教育、建議、佈道、訓斥與糾正的種種益處呢？要不是有這種「無論守不守法，個人都能夠自我決定的普遍事實」的普遍信念，法律還有什麼用處呢？

我們生命中的每一時刻，良知都告訴我們意志是自由的。這是唯一純粹屬於我們自身的東西，而且只存在於我們個別的個人身上，不管我們究竟想要引領它前往正確或錯誤的方向。習慣或是誘惑都不是我們的主人，相反地，我們才是它們的主人。即使暫時屈從於習慣或誘惑，良知還是會告訴我們可以抵抗；一旦我們決定主宰它們，最佳的利器莫過於我們確信自己一定能夠做到。

有一次，拉梅內（Lamennais, 1782-1854）①對一個性格爽朗的年輕人說：「你已經到了任何決定都該由自己做主的年紀了；再晚一點，就只能在自己掘開的墓穴中哀號，卻無力搬開壓在身上的重擔了。我們最容易養成的習慣就是運用意志力。要學會如何堅決有力地做決定；這樣就能把你茫茫人生的方向確定下來，而不再像風中殘葉，飄無定所。」

巴克斯頓相信年輕人只要能夠擁有堅強的決心，並持之以恆，就能夠為自己的所作所為感到驕傲。他曾在給兒子的信中寫道：「你現在正處在人生中一個重要階段，你必須決定向左或向右繼續前進。你現在必須證明你的原則、決心與心靈的力量；不然，你就必定沉淪怠惰，而且還會養成漫無目的與失敗的人格品性；一旦你淪落到那境地，會發現東山再起可不是件容易的事。我相信任何年輕人都能夠為自己所作所為感到驕傲。我過去就是如此。……我絕大多數的幸福喜樂，以及我人生中所有的富足美滿，都源自於我在你這年紀時所做出的改變。若你痛下決心勤奮努力，單只這一點，終此一生，你都將因自己的明智與劍及履及而受用無窮。」

姑不論方向為何，意志本身指的就是堅持、穩定、毫不懈怠，這一點從起於良善動機並朝正確方向的一切事蹟來看就能明白。要是朝向縱情聲色方面去，堅定的意志可能就會變成惡魔，而才智將會被貶為它的奴僕；但若朝向善良的一面，堅強的意志將會成為明君，而才智也能成為統管照料個人的最高福祉。

「有志者，事竟成」是一句顛撲不破的金玉良言。有決心辦好一件事的人，往往靠著這份決心就能夠跨越成功的藩籬，完成目標。認為我們自己辦得到，幾乎就確定真的能辦到——**決心要成功往往就會成功，堅定的決心常常帶有萬能的意味**。蘇瓦洛（Suwarrow）②的品格力量就建立在他的意志力上，而且，就像大多數有決心的人一樣，他把這份信念建立成一個體系。他對失敗者會這麼說：

「你只有半分決心。」他跟黎塞留（Richelieu）③和拿破崙一樣，把「不可能」從他的字典中刪去。「我不懂」、「我辦不到」、「不可能」是他最厭惡的字眼；相反地，他會說：「去學！去做！去嘗試！」他的傳記作者曾說，他為積極進取與發揮能力所能達到的成就提供了一個卓越的典範，而這樣一點善端至少也都存在於每個人的心中。

拿破崙最有名的一句座右銘：「**最真實的智慧在於英明果斷地作出決定。**」他本人異乎尋常的一生，非常生動地說明了無所不為的強大意志在一個人的輝煌成就中，有著舉足輕重的作用。他把全身心力完全投注在他的功業上。無能的統治者與其國家相繼臣服在他的面前。曾經有人告訴他阿爾卑斯山阻擋了他的部隊，結果他說：「那就不會有阿爾卑斯山。」結果他開出了一條道路，橫跨辛普朗（Simplon）這過去幾乎無人涉足的地區。他說：「『不可能』只會在笨蛋的字典中出現。」他是個極為勤奮的人；有一次他聘了四個書記，竟同時將他們給累垮了。他待人極苛，更是律己甚嚴。他的影響激發了許多人，並為他們注入了新生命。他說：「我的將軍官位是從泥漿中打滾出來的。」然而，這一切都毫無用處；拿破崙的極端自私造成了他的滅亡，更毀滅了法國，使國家淪為無政府狀態的犧牲品。他的一生所留下的教訓就是，儘管擁有莫大的權力，若沒有慈善之心，對於掌權者及其臣民都是無窮禍患；而毫無良知的知識，更是邪惡的化身。

威靈頓公爵是個遠勝於此的偉大人物。他的堅決、勇毅絕不下於拿破崙，卻更能自我犧牲，也更加誠懇、愛國。拿破崙的目標是「榮耀」；而威靈頓，如同英國海軍上將納爾遜（Nelson），他的格言是「責任」。據說，在他的書信中從無「榮耀」一詞，而「責任」則經常出現，但絕無炫耀之意。再大的困難也無法阻礙威靈頓；他的精力會隨著必須克服的困難而成比例增加。他憑著耐心、堅定與決心，熬過了在伊比利半島戰役中令人發狂的煩惱與巨大的困難，而這或許也是歷史上所能見到最為崇高的事蹟之一。

在西班牙，威靈頓不僅有將才，更展現出政治家的全盤智慧。儘管他的天性極為易怒，但他高度的責任感使他得以克制他的脾氣；對於他身邊的人，他表現出的耐心似乎無窮無盡。他偉大的人格並未因野心、貪欲或任何低下的激情而失去光澤。儘管他極具自我意識，卻展現出無比的慷慨。他和拿破崙一樣擔任將領，並像克萊夫（Robert Clive, 1725-1774）④一樣地果斷、英勇與無畏；他作為政治家時與克倫威爾（Cromwell）同樣明智，並和華盛頓一樣具有純潔而崇高的理想。

在果敢與決心中自見力量。當非洲協會詢問美國探險家萊迪亞德（Ledyard, 1751-1789）何時可以準備妥當前往非洲時，他隨即答允道：「明天一早。」布呂歇爾（Blucher）的果斷為他在普魯士軍隊中贏得了「衝鋒元帥」的稱號。當英國海軍上將約翰·賈維斯（John Jervis, 1735-1823），也就是後來的厄爾·聖·文生（Earl St. Vincent）被問到何時可以上船出發，他答道：「馬上就可以。」柯林·甘柏爵士（Sir Colin Campbell）受派去指揮印度軍隊，當他被問到何時能夠整備好出發時，他答道：「明天。」——這預示了他後來的成功。因為這樣迅速的決定，以及在行動中所展現出類似的果斷，好比利用敵軍失誤之際趁勝追擊，通常是戰爭決勝的關鍵。「在阿科拉（Arcola）時，」拿破崙說，「我靠著二十五個騎兵打了勝仗。我把握每個兵疲馬困的時機，給每個人一些鼓舞，並靠著這些捱到了勝利的日子。兩軍對峙就猶如兩個人相遇並試圖威嚇對方：一定有個時刻會發生慌亂，**絕對要把握那個決勝的當下**。」他在另一個場合中說道：「失去的每一刻，都會為不幸帶來機會。」他也說過他能擊退奧地利人，就是因為他們不懂得時間的價值：當他們還在閒散遊蕩時，他就一口氣擊垮了他們。

曾任駐印軍總司令的納皮爾爵士（Sir Charles Napier, 1782-1853）是一位展現過人勇氣與決心的領袖。據說有一次當他受敵軍圍困時，他說：「他們只會讓我把腳跟踩得更深。」他在米雅尼（Meeanee）一役的表現無疑是歷史上最驚人的功績之一。他靠著兩千人馬，其中只有四百名歐洲人，對上貝魯其人（Belooch）精練勇銳的三萬五千大軍。這無疑是個莽撞之舉，但納皮爾對自己與屬軍卻有著無比的信心。他集中兵力對貝魯其人築起的前方防線進攻，血戰了三個小時。他那一小支部隊隨著主帥的激勵鼓舞，一時間全成了英雄。貝魯其人的兵力儘管二十倍於這群人，卻都潰不成軍。正是這種勇氣、頑強與打死不退的決心，讓士兵們能打勝仗，而且更是每戰皆捷。賽跑中要出線得冠的人，必須拚命地比別人更接近終點一步；愈是能努力行軍的也愈能在戰爭中取勝；拳賽中能夠有多支撐五分鐘勇氣的人才能稱王。有個斯巴達人向他的父親抱怨自己的劍太短了，父親答道：「那就多往前進一步。」這回答確實適用在我們人生中的各項事業。

納皮爾以他英勇的精神激勵了他的部下。他就跟一般士兵一樣地努力。「指揮部隊的最大技巧，」他說，「就是要能夠同甘共苦。領導軍隊的人除非全心投入，否則不會成功。困難愈多，付出的努力就得愈多；危險愈大，需要展現的勇氣就得愈大，直到徹底被打垮為止。」有個在當年進行卡其丘（Cutchee Hill）之役時，隨侍在納皮爾身旁的年輕軍官說：「看到那個老頭不停地上馬衝鋒時，青壯如我怎麼還能發呆？要是他叫我擋住大砲的砲口，我也絕對義無反顧地去做。」

儘管戰爭英雄將永銘人心，但和平英雄也絕不會為人忘記。從沙勿略（Xavier）到馬田（Martyn）與威廉斯（Williams），傳教士典範一直相繼傳承，他們靠著崇高的自我奉獻精神，不求世間榮耀，純粹只因著追求並保全人們早已迷失與沉淪的希望。

藉著無比的勇氣與無間斷的耐心，這些人忍受了貧困，克服了危難，行過了疫病，渡過了種種的苦難、疲憊與災難，卻仍能堅持為苦行感到歡愉與光榮。這些人中的第一個，也是最為出名的就是聖方濟・沙勿略（Francis Xavier, 1506-1552）⑤。他出生於貴族世家，只要他想，就能擁有一切的享受、權力與榮耀，但他以自己的一生證明了有比世間的階級更為崇高的事物存在，有比累積金錢更加高貴的志向。他從裡到外都是真正的紳士；他不只勇敢、有榮譽心、更是慷慨大方；**他善於接受領導，也能領導他人；他善於聽人建言，卻也辯才無礙**；他是個真正有耐心、決心與精力的人才。他在二十二歲時，就開始在巴黎大學擔任哲學講師。沙勿略那時起便成為羅耀拉（Loyola）的助手與摯友，不久之後，他便組織了一小隊改宗者前往羅馬朝聖。

當葡萄牙的約翰三世（John III）決定將基督宗教推廣至他所轄的印度領土時，他挑了博瓦迪利亞（Bobadilla）當作第一個傳教士；但是由於博瓦迪利亞染病致殘，不得不另行找人替代，沙勿略這才雀屏中選。沙勿略將破舊的長袍補好之後，隨身只帶著一本祈禱書，立刻趕赴里斯本搭乘前往東方的船隻。總督也在沙勿略所搭乘的這艘航向果阿（Goa，印度西海岸省名）的船上，帶著要前往當地駐守的一千名士兵。儘管沙勿略自己有個艙房可供使用，他在整個航途中卻總是以綑繩做枕，和水手們一同睡在甲板上。由於沙勿略會照料水手們的需求、發明些用以調劑的運動，並在水手染病時照顧他們，因此贏得了人心，大家對他感佩在心。

抵達果阿之後，沙勿略為當地居民的墮落深感震驚，無論是殖民者或土著皆然；殖民者沉溺於邪惡之中，完全不顧文明的限制，而土著則是完全仿效殖民者的墮落榜樣。巡過城裡的大街小巷，一邊搖著手中的搖鈴，在短時間內就招攬到一大群人，他日復一日地細心教導。另外他還去探望病患、痲瘋病人，以及遭到排擠的可憐人，目的在於寬慰人心，緩解人們的痛苦。一聽到曼泰

（Manaar）地區養珠人的墮落與不幸，他立刻前往造訪，手中的搖鈴再次發出了悲憫的呼喚。他為眾人施洗並給予教誨，儘管他必須透過傳譯才能施教。他滔滔的教誨就是他對那些慕道人與受苦者的關照。

沿著科摩林角（Comorin）海岸，從鄉村到城鎮，從教堂到市場，他的鼓聲召喚著當地居民來到他身旁。他翻譯了教理、使徒信經、戒律、主禱文，以及一些有關教宗祈禱儀式方面的資料。他用當地語言背誦這些訓誨給當地的孩童，直到他們銘刻於心；然後讓他們回去教導父母及鄰人。他在科摩林角指派了三十名教師，並在其指導下帶領了三十個基督教會，這些教堂都相當簡陋，大部分不過是棟裝飾有十字架的小屋罷了。之後，沙勿略便前往特拉凡哥爾（Travancore），他的鈴聲迴盪在各個村落之間，他的雙手為民眾施洗直到無力舉起，他不斷重複著教誨直到聲嘶力竭。就他而言，其傳教的成果已經遠超過了自己的期待。他純潔高尚而美麗的生命，以及他更勝雄辯的事功，讓他足跡所及之處都能感化人心。

由於心中常懷著「任重而道遠」之念，沙勿略繼續前往麻六甲與日本，並發現自己已置身在操著不同語言的陌生民族之中。他在這裡能做的就只有啜泣與祈禱，提供睡前的安撫與病榻旁的照料，偶爾從浸過水的襟袖中擠出幾滴水來為瀕死者施洗。這位護衛真理的勇士從頭到尾靠著信念與精力，全心盼望，無所畏懼。「無論死亡或什麼樣的折磨等著我，」他說，「只要能拯救一個靈魂，我願意承受千百次這樣的苦難。」他抵抗饑渴、困苦，以及各式各樣的危險，不眠不休地堅持傳佈愛的教誨。最後，經過了十一年的辛勤耕耘，這位偉大的善士想方設法前往中國，在海南島的三亞染上了風寒，終於榮歸主懷。這樣一個英雄典範，這樣一個純潔、自我犧牲而勇敢的人，永遠離開了塵世人間。

許多傳教士跟隨著沙勿略的腳步四處行教，諸如到印度的史華茲（Schwartz）、克里（Carey）與馬士曼（Marshman），到中國的郭實臘（Gutzlaff）和馬禮遜（Morrison），到南洋的威廉斯（Williams），還有到非洲的甘柏（Campbell）、慕法（Moffatt）、李文斯頓（Livingstone）等人。埃羅芒阿島（Erromanga）上的殉教者約翰．威廉斯（John Williams）起初曾在傢具五金行當學徒；儘管反應遲鈍，他對這項技藝倒是頗具天分，他的手藝讓師父常常把一些做工要求特別仔細的活計交給他。但他同樣仰慕聖職，因而離開了店裡。在某一次佈道中，他深受感動，成了主日學的教師。他第一次注意到傳教這項工作，是在某一次聚會交誼中聽到的消息，就此下定決心要全心奉獻。他進入了倫敦傳道會（London Missionary Society），他在五金行的師父也准許了他契約期滿前離開去傳教。太平洋上的島嶼是他傳教的主要地點，尤其是大溪地的胡阿西內島（Huahine）、賴阿特阿島（Raiatea）與拉羅湯加島（Rarotonga）。就像使徒一樣，他親手完成每項工作——從鐵工、種菜到造船皆然；他也殷勤的教導島民們關於宗教的真理。但就在孜孜不倦的勞作過程中，他被蠻族在埃羅芒阿島的沙灘上殘忍地殺害了——殉道者的榮耀他受之無愧。

李文斯頓博士的事蹟是眾人之中最受矚目的。他曾以一種謙遜保守的方式敘述他一生的故事，這種作風正是他人格的一大特徵。他的祖先是貧困卻誠實的蘇格蘭人；據說其中一人以聰睿與明智著稱的人物，在他死前曾吩咐他的孩子們齊聚身旁，並交代他唯一留下的遺言：「我過去曾經鉅細靡遺地探尋過我們一家的所有傳統，我發現我們的先祖中沒有一個是不誠實的人；因此，要是你們或是你們的子女中有任何一個敗壞了這樣的門風，那他身體留著的就絕不是我們家的血液；虛偽不屬於你們的本性：我只吩咐你們一句話——要誠實。」

李文斯頓十歲時便被送至格拉斯哥附近的棉紡廠當「戳刺工」。他花了第一週薪水的一部分去買了本拉丁文文法，並開始在夜校學了幾年的拉丁文。要不是因為每天一早六點就得上工而被母親趕上床睡覺，他會為了讀書而熬夜超過十二點。他就這樣讀遍了維吉爾與賀拉斯的著作，還有許多其他除了小說之外的書籍，但他對於科學作品及旅遊叢書尤其感興趣。他把僅有的少數閒暇都花在植物學上，四處蒐集各類植物。在工廠機器的轟鳴聲中，他也能讀書，把書本放在他所操作的紡紗機上一行一行地讀著。

這勤奮的青年靠著這種方式獲得了許多極有用的知識；當他日漸成長，心中那股成為傳教士的慾望也愈形熾熱。為了這個目標，他開始接受醫療教育，以便更能勝任這份工作。他為此量入為出，把所有能省下來的每一分錢都拿來投資到格拉斯哥學習醫學、希臘文與神學演講的課堂上，就這樣一邊擔任紡紗工人一邊讀書過了好些年。

他靠著自己在工廠賺來的錢半工半讀，完成了大學學業，沒有一毛錢是來自於其他人的資助。「回首過去，」他誠懇地說，「我只有感激那困苦的生活提供了我早年的教育所需；而且，如果可能的話，我願意以同樣貧賤的出身，重新經歷那樣艱苦的學習來渡過一生。」他最後終於完成了醫學學業，以拉丁文撰寫了論文，並通過了考試，成為一位受到醫學系正式認可的醫師。

他一開始想要到中國去，但當時中國境內的戰爭讓他放棄了這念頭；靠著倫敦傳道會提供的機會，他在一八四〇年時抵達了非洲。他原本打算靠自己的努力繼續前往中國；他曾說自己在接受倫敦傳道會安排前往非洲時唯一感受到的痛楚，是由於「過去總是靠著自己努力完成工作的人，一時之間無法接受變成倚賴他人的人。」抵達非洲後，他以無比的熱情開始傳教工作。他無法忍受只依賴他人出力的念頭，因而開始了大量的獨立作業，他要讓自己隨時可以發揮作用，透過參與建造工程或手工藝製作，此外還參與教學；他說，這些工作

「讓我幾乎筋疲力盡，就像以前當個紡紗工那樣在夜裡研讀時一樣。」

在波扎那（Bechuanas）時，他開鑿運河、建造房舍、開墾田地、養牧牲畜、並教導當地居民工作與禮拜。當他首次和當地土著開始徒步進行長途旅行時，他無意間聽到他們對他的外表與力量的評語——「他不太強壯，」他們說；「他很瘦，看起來結實不過是因為他整個人裝在那些袋子（其實是褲子）裡；他很快就會撐不住了。」這些話讓這位傳教士的蘇格蘭血脈沸騰了起來，讓他不顧疲困，帶領整隊人馬每天都以最快速度前進，直到土著們對他的步行能力給予正面的評價為止。他在非洲做的一切，和他如何完成的點點滴滴，皆在其著作《佈道旅程》（*Missionary Travels*）中，這本書也是公開出版的同類作品中最引人入勝的一本了。

他最近才為人所知的一件事蹟充分表現出其個人特質：他帶往非洲的「伯肯漢」號蒸汽艇毫不管用，他寫信回家要求另造一艘船，總值約兩千英鎊；這金額得花掉原本打算用來撫養子女們的旅遊著作版稅。他寄信回來要求撥款時寫道：「孩子們可得為自己準備一切。」

喬納斯・漢威（Jonas Hanway）是另一個有耐心、有毅力的典範，這也是英國得以成為今日面貌的因素——鞠躬盡瘁，死而後已——

除了給世人留下更美好的世界，
不必為自己立碑作傳。

一七一二年，他出生於樸茨茅斯（Portsmouth）。父親在碼頭區開了間商店，卻在一場意外中身故，讓年幼的喬納斯・漢威成了孤兒。母親帶著孩子們遷往倫敦，送他們上學，含辛茹苦地撫養他們長大。喬納斯十七歲時被送往里斯本當商人的學徒；他對生意的專注、按規守矩、廉正誠實，贏得別人的尊敬與欽佩。

一七四三年回到倫敦後，他被邀入夥一家英國商家在聖彼得堡開辦的裏海生意。他到俄羅斯去拓展生意，在當地的事業也蒸蒸日上。後來有個親戚留下了些遺產給他，再加上諸般考量，他離開了俄國，在一七五〇年回到祖國。他的餘生都貢獻在對同胞的主動關懷與各項助益上。他的生活相當簡樸，為的就是將大部分的收入留作慈善用途。他全力投入的第一項公共建設就是大都會區的高速道路，這的確是貢獻卓越。

一七五五年時曾傳言法國即將入侵，漢威先生立即將注意力放到提供海軍一切最優良的配備上。他在皇家交易所（Royal Exchange）召集了一群商人與船主開會，倡議組成一個社團，提供志願青年與少年參加國家海軍所需的一切設備。這個提議獲得了熱烈響應：不僅社團成立了，還指派了相關業務人員，並由漢威先生主管整個機構。這就是在一七五六年成立的海事學會（The Marine Society），對英國利益深具貢獻，直到今日仍具有重大的用處。

這機構成立六年內，一共訓練培育了五千四百五十一名少年與四千七百八十七名青年報效海軍；這項措施一直實施至今，每年約有六百名貧困的男孩在接受細心教育後成為水手，主要都在商船上服務。

漢威先生在空閒時候也致力於改善或建立大都會所需的公共建設。他從早期就對於由湯瑪斯・柯蘭（Thomas Coram）許多年前創辦的棄嬰醫院（Foundling Hospital）很感興趣，但這機構卻讓許多父母把孩子遺棄給慈善機構照養，愛心反造成了惡果。漢威因此決定想辦法透過以當時人道關懷的嶄新工作方式，來阻絕惡果產生；由於他對這目標的堅持，最後眾人的慈善總算能導回正途。

漢威先生最努力不懈的工作，是照料教區貧童。當時教區貧民子女惡劣的生長環境以及高死亡率等種種不幸慘況，實在令人不忍卒睹；但就像先前提到棄嬰的例子一樣，那時毫無任何有效扶助貧困的措施。因此，喬納斯・漢威把精力投注在這項工作上。

起初，他完全不靠他人，而是透過自己獨力研究來確定這些不幸的範圍有多大。他探訪了倫敦最貧困階級所居住的地區，親眼見過貧病交雜的居住區；他藉此確定了在大都會及周遭的每間救濟院所應注意的細節。他接著就到法國及荷蘭取經，參觀收容貧民的收容所，並留心可供故鄉參考利用的每一細節。他花了五年的時間在這工作上；當他回到英國後，便出版了他的觀察記錄；結果有許多救濟院都按照他的建議指示改善了。

一七六一年，他推動法案，強制要求每個倫敦教區救濟院必須按年提供當地嬰兒收養、離開與死亡的人數；他極為關切法案的執行成效，自己無時無刻地關注法案推動的情形。他每天早上走過一家家的救濟院，下午則親自造訪每個國會議員，日復一日，年復一年，他忍受了每一次拒絕，回應了每一個反駁，讓自己適應每一個不同的脾氣。最後，在無人可及的堅持之下，歷經十年奔走，他終於靠自己的付出成功推動另一個法案（7 Geo. III c. 39），要求所有在高死亡率教區內的新生兒不得在工作場所接受撫養，必須送至幾哩外的城鎮接受撫養直到六歲為止，由每三年都要經過揀選的看護負責照顧。貧苦民眾叫這法案做「讓孩子活下去法案」；根據記錄，在這法案通過當年，跟法案通過之前相比，至少有好幾千條性命因為這一個溫柔鐵漢推動的法案而得以保存。

漢威先生臨終前的身體狀況相當虛弱，但他繼續創辦了當時還在起步的主日學校；也接濟了許多當時還在大都會區居無定所的貧困黑人；他也提升了一部分受社會鄙夷的底層民眾的生活水準。儘管他對不幸的事情見得多了，他卻仍是眾人中最樂觀向善的一位；而且，他天不怕地不怕，就只怕無所事事。

漢威是個極有榮譽感、真誠而勤奮的人；他說的每字每句都建立在這些德行上頭。他對商人誠實的品格看得很重，幾乎到了敬畏的程度。成為海軍補給委員後，他從不肯從承包商那兒收受一絲好處；並提醒對方「他已通令全辦公室不得收受與辦公室業務相關者的禮物。」

當他感到自己行將就木，他以一種即將準備參加鄉間旅行般的愉悅態度來面對死亡。他資遣了所有傭人、付清了給各個商家的款項，離開了朋友們，專心處理他自己的事務，自己一個人乾乾淨淨，平靜而有尊嚴地走完七十四年的人生。他身後留下的財產不過兩千鎊，既然沒有親戚可以繼承，他便將這筆錢分撥給他生前頗有交情的各個孤兒與窮苦人家。這就是喬納斯．漢威平凡而偉大的一生。

格蘭威．沙波（Granville Sharp）的一生是另一個充分發揮個人精力的驚人實例——他將這股精力轉到與一群人合力推動廢止奴隸運動上，這群人包括了克拉森（Clarkson）、韋伯佛斯（Wilberforce）、巴克斯頓與布洛罕。儘管這些人在這件事上出力甚多，沙波卻是第一個（或許也是最偉大的一個）不懈地為此盡心出力的人。

他小時候在塔丘（Tower Hill）當麻布商學徒；但是當他學徒期滿離開後，卻到軍械署（Ordnance Office）去當辦事員，並在這份卑賤工作的閒暇時間持續推動解放黑奴運動。從當學徒開始，只要是有意義的事情，他都自告奮勇，在所不辭。因此，當他還在麻布商行學習時，一名寄住店中的神體一位論派（Unitarian，否認三位一體，主張上帝為唯一神的基督教派）學徒就經常帶著他討論關於宗教的種種議題。這名一位論派信徒堅持沙波的三位一體論觀點是誤解了聖經上的部分段落，而這又是因為沙波對希臘文一無所知；沙波因此立即利用晚間時刻研讀，並很快就熟習了希臘文。同樣的爭議也出現在他與另一名猶太學徒之間對於預言的詮釋，這也讓他開始學習並迅速克服了不通希伯來文的困難。

但帶著他朝向人生中主要事業邁進的，乃是根基於他性格中的寬大與慈愛。他的兄弟威廉是個在明新巷（Mincing Lane）執業的外科醫師，經常為窮人提供免費醫療諮詢，在經常來診所找他詢問的眾多患者之中，有個窮苦的非洲人叫做喬納森・史壯（Jonathan Strong）。這個黑人似乎是受到主人（一名在倫敦的巴貝多律師）的殘忍虐待，不僅打瘸了，還幾乎瞎了，無法工作；主人看他沒有什麼價值，便殘酷地將他趕出門去挨餓受凍。這個可憐人身染重病，只能靠著沿街乞討勉強度日，直到他遇到了威廉・沙波，不僅給他藥吃，還帶他到聖・巴托洛繆醫院（St. Bartholomew's hospital），到他治癒為止。離開醫院後，沙波兄弟倆照料了這個黑人一段時間，好讓他不再流落街頭，至於究竟是誰擁有這名黑人，他們當時連想都不曾想過，甚至為他找到一份藥師的工作，史壯也做了兩年之久；直到史壯在一輛出租馬車後頭遇到女主人時，他的主人（那名巴貝多律師）認出他來，並決定將這名恢復健康的奴隸當作財產般帶回去。這名律師雇了兩名市長的警官逮捕史壯，在康普特（Compter），準備搭船遣送回西印度群島。史壯在受囚禁的時候，想起格蘭威・沙波曾在他最痛苦的時候帶給他的仁慈，便提筆寫了封信請求他協助。沙波當時已經忘了史壯這名字，但他派了個信差去調查，得到的回報是那名主人完全否認手裡頭有這麼一個人。沙波這時起了疑心，立刻前往監獄，並堅持要見到這名喬納森・史壯。他所求獲准，並認出了這個可憐的黑人，正被當作逃奴般受到嚴密監視。沙波以自身做保，要求典獄長千萬不能將史壯交給任何人，隨即前往求見市長，並具狀控訴這些人在沒有搜索令的情形下便逮捕並囚禁了史壯。此時史壯才得以被帶到市長面前，而律師一夥人也按指示到了市長跟前。在訴訟過程中才發現，原來史壯的前任主人已將史壯轉手賣出，新任主人拿出了購買契約，並宣稱這名黑人是他的財產。由於史壯並未受到指控，市長又無能處理史壯自由與否的法律問題，市長便釋放了史壯，這名黑奴跟著他的恩人離開了法庭，無人再敢動他分毫。但他的主人旋即向沙波要求歸還史壯，指控他強佔了他的黑奴。

當時（一七六七年），英國人的人身自由儘管在理論上備受重視，但事實上遭到侵犯情形卻無日無之。男人受迫上船做工是稀鬆平常的事，而且除了人口販子外，在倫敦以及全國各大城鎮還有許多專事綁架的幫派，專門抓人去東印度公司上工。要是這些抓來的人不願意去印度，他們就被送到美國殖民地的農場主人手上。倫敦與利物浦的報紙上充斥著公開販售黑奴的廣告。尋回並抓住逃奴，以及將逃奴送到河中指定船隻的賞金更是極為優渥。

在英國，奴隸的地位並不明確。法庭所提供的判例繁雜多變，沒有固定原則可循。儘管大眾普遍認為英國不該有奴隸存在，但卻有許多法界優秀人士持著相反意見。沙波先生在喬納森．史壯一案中為自己辯護時，向一些律師徵詢意見，卻發現這些律師也都同意這種看法；喬納森．史壯的主人更告訴他，卓越的大法官曼斯菲爾德（Mansfield）與所有頂尖律師都一致認為這名奴隸一到英國就再也不是自由的了，而且可以依法強迫他回去受人剝削。這樣的消息聽在較無勇氣與熱誠的人耳裡恐怕就會絕望死心了，但格蘭威．沙波卻非如此；反而更激勵了他，至少在英國也要繼續為黑人的自由努力奮戰。他說：「我的專業律師告訴我要放棄，但我卻因想要透過正規法律協助，被迫在自我辯護時做出一項看來無望的嘗試，儘管我完全不熟悉法律實務，也不熟悉法律的基礎，一生中從沒有翻開過任何一本律法書（聖經除外），直到那時候，我開始不甘心地在一部最近才從書商那裡買進的法律叢書中搜尋法條解釋。」

他白天所有的時間都花在軍械部門工作，他負責的是整個辦公室裡工作最繁忙的單位；因此他必須把新近的研究放到深夜或清晨來完成。他承認他自己已經成了個奴隸。

沙波在接下來的兩年內放棄了每一分休閒時光，細心鑽研英國有關人身自由的各項法律——他仔細咀嚼大量枯燥而且令人反胃的文獻，並從所有最重要的國會法案、法院判例與頂尖律師的意見中抽絲剝繭，去蕪存菁。在這漫長的研究考察中，他沒有任何的指導老師、助手，更沒有人給他提供建議。他找不到一個律師的意見能夠與他的目標符合一致。然而，他的研究成果卻相當令他振奮，而且讓其他法界人士震驚不已。「感謝上帝，」沙波寫道，「在英國的法律條文中——至少在我能找到的這些文獻中——沒有一條支持奴役他人的作為。」他把研究成果寫成一份摘要；這是份明白清楚而充滿人性光輝的文獻，標題就是「論在英國容忍奴隸制之不義」；他自己做了許多份抄本，並遞送給當時最為頂尖的律師們。

史壯的主人察覺到自己要對付的人是如此棘手，想方設法拖延對沙波的訴訟，最後甚至提供妥協和議，卻遭到拒絕。格蘭威繼續對律師們散發他的手抄稿件，直到最後受聘為主人辯護的律師放棄訴訟為止；結果，原告因為無法進行訴訟而遭到判賠罰款；該判決書於一七六九年出版。

在此同時，在倫敦還發生了其他綁架黑人並送往西印度群島販售的案子。只要有任何可能，沙波一定立刻前去拯救那些黑人。因此，當一名非洲人希拉斯（Hylas）的妻子被擄走送往巴貝多時，沙波便以希拉斯的名義控告這群綁匪，最後以傷害罪起訴，希拉斯的妻子終於自由地回到英國。

一七七〇年，發生了另一件以暴力俘虜並殘酷對待黑人的事件，沙波聞訊立即前往追查綁匪。原來是一名叫做路易（Lewis）的非洲人，在黑夜中被兩個受人以追索逃奴為由雇用的船伕拖到水中，再掩住口鼻，五花大綁地綑到小船上；小船順流而下，船伕將他放到一艘開往牙買加的大船上，路易一到當地就要被賣為奴隸了。不過，這名可憐黑人的哭喊聲吸引了周遭人們的注意；當中有一位立即把這件駭人聽聞的消息，告訴已被公認為是黑人之友的沙波。沙波即刻申請到搜索令，準備要帶回路易，但當他抵達葛文森（Gravesend）時，大船已經出發了。他趕緊申請人身保護令，趕在大船駛離英國海邊前送抵船上。結果發現路易被鎖鍊鍊在主桅上，淚流滿面地望著他要被賣為奴隸的遠方。他立即獲釋，並被攜回倫敦，法院並對這樁事件的罪魁禍首發出搜索令。沙波在這次行動中展現的清明頭腦、熾熱真心以及敏捷的手腳實在是少有人及，但他還是埋怨自己不能更快一些。這樁案件由曼斯菲爾德審理，他的判決意見無疑會永留人心——我們說過，他恰恰與沙波的意見相反；不過，這位大法官並未將這一點衝突帶到法庭上，也不發表關於奴隸人身自由的法律問題有何見解，相反地，他由於被告無法提出證據證明路易是他的財產，因此將這黑人當庭釋放。

黑人在英國的人身自由問題至此還是懸而未決；但沙波同時繼續他的人道行動，由於不懈的努力與英勇的作為，他所拯救出的黑人名單愈來愈長。最後，詹姆士．松莫塞（James Somerset）這件重大案件爆發了；大家都說，這案子之所以受到矚目，是因為曼斯菲爾德與沙波都想要將這重大問題由法律徹底解決。松莫塞被主人帶到英國後便留置當地，後來的主人想要把他帶走，賣到牙買加去。沙波一如往常，立刻介入了這起事件，並雇用了律師為他辯護。曼斯菲爾德明白這件案子受到各界關注，他要為所有法官為此案作出一個最終判準。沙波此時發現他必須要力抗群雄，但幸運的是，在這場艱苦的搏鬥中，他的努力總算能夠彰顯出來：由於考慮到眾人福祉，許多優異的法界人士紛紛挺身而出支持沙波。

現在，大家所關切的人身自由問題，在曼斯菲爾德與三名助理法官跟前公平審理——而且，根據的普遍原則乃是對於每個英國人除非犯法，否則均受憲法保障的基本人身自由權。我們在此毋需對這場大審多加詳究；法庭中的辯論相當冗長繁複，整個問題以另一種陳述方式詳加論證，歷經多次休庭與再審理後，最後曼斯菲爾德總算要做出判決了。在律師們以沙波的文摘為主要根據的論述中他心中的定見逐漸改變，最後終於在法庭上下了一個清楚的判決，而且毋需將此案再交由其他十二名法官審理；他宣佈不可支持奴隸制，並強調在英國過去的歷史上與法律上都不承認奴隸制的有效性；因此，詹姆士．松莫塞應當無罪開釋。經過這場審判，沙波總算能夠有力廢止當時仍盛行於倫敦與利物浦街頭的販奴活動。而他也為後人建立起輝煌而穩固的基準：任何奴隸只要一踏上英國的土地，那一刻起他就是自由人，曼斯菲爾德閣下所做出的偉大判決，主要還是由於沙波自始至終，堅定不懈地要對透過法律解決這問題所付出的努力。

沙波後來在把獅子山（Sierra Leone）這塊殖民地當作是獲救黑人的樂土上出力甚多；他努力提升美國殖民地中印第安人的生活環境；他致力於擴增英國人民的政治權利；並盡力廢止強迫人民上船做工的情況。沙波認為英國的水手，就像非洲黑人一樣，都該享有法律的保障；水手選擇航海生活並不阻礙他作為一個英國人所享有的權利——其中首要的就是他的人身自由。沙波同樣致力於恢復英國與美國殖民地之間的友好關係，可惜功敗垂成；當他看作手足相殘的美國革命爆發，他人格中的正義感完全無法接受這件事，於是辭去了在軍械署的工作。

直到最後，他的生命都在追求一個偉大的目標——廢止奴隸制。為了完成這項工作，並且將日漸增多的友伴組織起來，他們成立了廢奴學會（Society for Abolition of Slavery），而且有許多新面孔在受到沙波的事蹟與他那股熱情的影響，紛紛投入幫忙。他的力量如今成了他們的力量，他長久以來獨力奮鬥所靠的那股自我犧牲的熱情，最後化成了全國的情感。他的影響及於克拉森、韋伯佛斯、布洛罕，以及巴克斯頓，他們都為他所做過的一切繼續努力，他們都擁有同樣的力量，對目標也同樣堅持，直到最後英國領土內徹底廢止奴隸制度為止。不過，儘管上面提到的這些名字常被當作是成就這場運動的主要人物，最主要的貢獻卻無疑是來自於格蘭威．沙波先生。他在著手進行這項工作時，舉世未曾譽之。他卓然獨立，面對最能幹的律師與當時最根深柢固的偏見；他獨力作戰，憑他隻身奮鬥，靠他個人努力，打贏了在英國憲法上與英國人民的自由史上最值得紀念的戰役，至今仍永銘人心。接著而來的，是他長期努力不懈所帶來的偉大成就。他燃起了照亮眾人心靈的火炬，並且傳承下去，直到事功畢盡，光華普照。

在沙波過世之前，克拉森（Clarkson）也已經將注意力放在黑奴問題上了。當時他還不知道廢奴學會已經成立，但他一聽到這組織名稱便立刻加入。他犧牲了大好前程來推動這項工作。韋伯佛斯當時被選為議會領袖，但主要蒐集與整理用以支持廢奴的龐雜證據工作主要是由克拉森負責。有個鮮明的例子可以充分顯示出克拉森他那像是優良獵犬般堅忍的性格。奴隸制的鼓吹者在為他們所支持的制度辯護時，主張只有在戰爭中擄獲的黑人才被當作奴隸買賣，而且要是賣不出去，這些黑奴就要被遣回情況更加悲慘的祖國。克拉森知道這些販奴者所支使的獵奴活動，但苦無證人可供佐證。上哪兒去找這樣的證人呢？突然間，有位他在旅途中認識的紳士告訴他，有一名他在一年前相識甚深的年輕水手加入了獵奴活動的狩獵隊。這位紳士不知道這名水手的姓名，而且只能模糊地描述他的樣貌。他不清楚這名水手人在何處，只知道他在一艘普通戰艦上工作，但是這艘船艦停在哪個港口他毫不知情。靠著這麼一點零星資訊，克拉森便決定要找到這名水手當他的證人。他親自造訪了每個船舶會停靠的海港村鎮；登上船艦並仔細搜尋，卻苦無所獲，直到他到了「最後」一個港口，在剩下的「最後」一艘船上，他總算找到了這名年輕人，找著了他的目標。這名年輕人後來果真成了他最有力而珍貴的證人。

在搜尋證據的數年內，克拉森通信的對象人數高達四百人，跋涉超過三萬五千英哩。最後，他的殷勤不懈使他積勞成疾，成了殘廢；但他仍堅持不退，直到他的這股熱誠總算感動了普羅大眾，激勵了所有人在奴隸問題上的真誠良心。

經過漫長歲月的奮鬥，奴隸買賣總算遭到廢止了。但還有一件偉大的工作尚待完成——在英國領土內徹底廢止奴隸制度。這項工作同樣是靠著無比的決心與毅力才能成功。在推動這項運動的領袖中，沒有一個比佛威爾．巴克斯頓更加傑出的了，他接下了韋伯佛斯在眾議院的位子。巴克斯頓小時候是個魯鈍的胖小子，但他具有超越常人的固執脾性，當他第一次以蠻橫頑固，剛愎任性的方式展現出來時著實叫人吃驚。他的父親在他年紀還小時便過世了；但幸運的是他有個賢良的母親，以無比的細心教養他，鍛鍊他的意志，訓練他聽從教訓，並且鼓勵他在安全的範圍內培養自主決定行動的良好習慣。他的母親相信堅強的意志要是能導向有價值的目標，藉由適當的導引將會是極高貴的男子氣概，因此她以循循善誘的方式引導巴克斯頓。當其他人對她提起她兒子的頑固時，她僅說道：「不要緊的——他現在自己能做主了——你以後將看到這會變成好事一件。」

佛威爾在學校所學不多，在學校時被人當作低能的白癡。他會強迫其他孩子幫他寫作業，自己則到處玩耍嬉鬧。他十五歲回到家時，是個魁梧難馴的小伙子了，卻只喜歡泛舟、射擊、騎乘與田徑運動——他大部分時間都在跟獵場看守人廝混；幸虧獵場看守人有副好心腸；雖然不會讀寫，卻是個聰明的生命與自然觀察者。巴克斯頓從他那邊獲得不少好料的知識，但他希望能夠接受教化訓練，並得以發展。就在他生命中這個將決定他頑固脾性向善或為惡的重要關頭，他開開心心地參加了葛尼（Gurney）家的社團。葛尼家可是以其良好的社會關係、才智教養與熱心公益的人道關懷著稱。巴克斯頓後來常說，與葛尼家的來往，給他的生命增添了色彩。他們鼓勵他努力自修；當他到都柏林大學就讀並得到極高榮譽時，他說他激動的內心「直想要把這份榮耀帶回去給鼓勵我並讓我得以成功的人們。」他娶了葛尼家的一個女兒，並到他在倫敦釀酒的舅父漢柏瑞（Hanbury）那裡當會計，開始養家過活。他的意志力讓他從小就是個難以應付的小子，現在更成了他人品的骨幹，而且讓他在從事各項事業時都充滿著源源不絕的精力。他把所有的力量與大部分的能耐都投注在工作上頭；這個偉大的巨漢（大家都叫他「巨象・巴克斯頓」，因為他站起來有六呎四吋高）成了最健壯努力的人。「我能釀酒，」他說，「連續一個小時，然後算一個小時的數學，再花一個小時狩獵，——而且每一項都全心全力去做。」他在各項事務上所展現的精力與決心實在是教人難以置信。

成為合夥人後，他便成了主要管事的經理；而他經手的龐大事業每一處都可感受到他的影響力，並且獲得了前所未見的成功。他不讓自己的心靈有所懈怠，每個夜裡仍勤奮自修，研讀消化布雷克斯頓（**Blackstone**）、孟德斯鳩的著作，以及英國法律的艱澀註釋。他對閱讀所採的信念是：「打開書本就一定要讀完」、「還沒精熟就不叫做讀完一本書」，以及「全心學習每件事物」。

巴克斯頓年僅三十二歲時便進了國會，那是每個誠實、受良好教養的人都會同意那是全世界第一流紳士所組成的團體，並且立刻獲得了有力的位子。他上任後最主要致力解決的，就是解放所有不列顛殖民地的奴隸。他自己認為他對這問題的興趣是受了厄爾罕（**Earlham**）家族中的一員——碧西拉・葛尼（**Pris-**

cilla Gurney）的影響。

碧西拉是位絕頂聰明又心地善良的女性，是所有德行的典範。一八二一年她臨終前，諄諄囑咐巴克斯頓，敦促他「把廢奴一事當作是生命中最重要的目標」。她最後一再重申這嚴肅的教誨，便溘然辭世。巴克斯頓不敢忘了她的諄諄善言，甚至以她的名字為自己女兒命名；從女兒嫁人那天，也就是一八三四年八月一日，——後來的黑奴解放日——，當他女兒碧西拉自未嫁從父的桎梏中解放，離開娘家，與丈夫相伴後，巴克斯頓坐下來寫了封信給他的友人：「新娘離開了；一切都盡善盡美；而不列顛殖民地也不再有奴隸了。」

巴克斯頓不是天才——他不是個聰明的領導者，也不是個發現者，但他是個誠摯直接，性格堅毅又活力充沛的人。的確，他的品格由他的話中可以相當明白有力地顯現出來，而這也是每個年輕人都會願意鐫刻在自己靈魂中的金玉良言：「我活得愈久，」他說，「我就愈確定在人之間、在弱者與強者間、在偉人與無名小卒間的重大差異，就在於**毅力**——**無比的決心**——一旦確立目標，便要鞠躬盡瘁，死而後已！這個特質能讓人完成世界上所有辦得到的事；除此之外，沒有任何天分、環境或機會能夠讓一個兩隻腳的生物成為真正的人。」

註釋

①編註：拉梅內（Lamennais F. R. de Lamenais, 1782-1854），法國天主教神父、哲學與政治著作家。

②編註：蘇瓦洛（Suwarrow），俄羅斯將軍，本名Alexander Vasilyevich Suvorov，亦即英國詩人拜倫史詩《唐璜》中的Suwarrow。

③編註：黎塞留（Richelieu），十七世紀法國紅衣主教、政治家。

④編註：克萊夫（Robert Clive, 1725-1774），英國名將，派駐孟加拉擔任總督。

⑤編註：聖方濟．沙勿略（Francis Xavier, 1506-1552），西班牙天主教傳教士，十六世紀在日本、錫蘭與東印度傳教。

作者年表

年份	生平事蹟	歷史文化背景
一八一二	十二月二十三日生於蘇格蘭哈丁頓的山繆爾．斯邁爾斯與珍妮．斯邁爾斯家中	新穀物法首倡（一八一五年通過）
一八一五		拿破崙敗於滑鐵盧
一八一九		維多利亞誕生
一八二〇	進哈迪與葛拉罕學校就讀（至一八二五年）	
一八二二		海軍購買第一艘汽船「猴兒號」（the Monkey）

年份	生平	大事
一八二六	擔任勒文斯與羅利馬醫生的學徒（至一八三一年）；進約翰史東教區學校學習數學、法文與拉丁文	
一八二九	與勒文斯醫生遷至利斯（Leith）；進愛丁堡大學習醫	湯瑪斯・阿諾開始打橄欖球；增進合作知識不列顛協會成立；都會警察制度成立（倫敦）；天主教徒解放
一八三〇	定居於愛丁堡	喬治四世駕崩；威廉四世登基；曼徹斯特至利物浦鐵路開通
一八三二	一月父親因霍亂過世；十一月以外科醫生畢業；返回哈丁頓執業	霍亂疫情橫掃不列顛；第一改革法案通過
一八三三		不列顛帝國廢止奴隸制；牛津（復興）運動開始

一八三四	撰寫數篇文章投稿《愛丁堡每週紀事》（*Edinburgh Weekly Chronicle*）	窮人法修正案通過；報紙印花稅降至一便士
一八三六	著《體能教育，或兒童教養與管理》（*Physical Education; or, the Nurture and Management of Children*）	倫敦工人協會成立；查爾斯・狄更斯出版《匹克威克外傳》（*Pickwick Papers*）
一八三七		威廉四世駕崩；維多利亞登基；人民憲章刊行
一八三八	在荷蘭執業與旅行；參加由奧康諾組織的憲章團體；與查德威克（Edwin Chadwick）、史蒂文生（George Stephenson）、「穀物法歌者」艾略特（Ebenezer Elliott）間交流甚密	憲章運動者大會於格拉斯哥、紐卡索、曼徹斯特與愛丁堡集會；反穀物法聯盟成立

一八三九	移居利茲，參與編輯《利茲時報》（*Leeds Times*）；於各研究中心閱讀各類文學與醫學論著	鴉片戰爭爆發；國會否決憲政運動者第一次請願；湯瑪斯・卡萊爾（Thomas Carlyle）出版《憲政運動者》（*Chartism*）
一八四〇		維多利亞與艾柏特親王成婚；愛德溫・查德威克出版《勞動人口的公共衛生條件探究》（***Inquiry into the Sanitory Condition of the Labouring Population***）
一八四一	與寇柏登開始通信（至一八六三年）；在哈德斯菲爾德、哈立法克斯、史齊普頓與歐塞特講演關於反穀物法聯盟的利益主張；開始發行一分錢報《運動》（*The Movement*）、共發行四期）	卡萊爾出版《歷史上的英雄、英雄崇拜與英雄作為》（***On Heroes, Hero-Worship, and the Heroic in History***）
一八四二		鴉片戰爭結束；憲政運動者於倫敦舉行大會；第二次憲政運動請願遭拒

一八四三	回到醫界；撰寫美國與英國各殖民地導覽手冊；著《愛爾蘭歷史與英格蘭統治下的愛爾蘭人》（*History of Ireland and the Irish People Under the Government of England*）（以月刊形式發行）；十二月七日與莎拉・安・福爾摩斯結婚	憲政運動者於柏明罕舉行大會；約翰・羅斯金（John Ruskin）出版《現代畫家》（*Modern Painters*）；卡萊爾出版《過去與現在》（*Past and Present*）
一八四四	對利茲機械師公會與文學學會發表六場論「公益人與公益時代」的演講	憲政運動者於曼徹斯特舉行大會；鐵路開始掀起風潮
一八四五	對利茲互助增進學會發表「工人階級的教育」，後集結為《自己拯救自己》書稿；辭去《利茲時報》編輯；放棄醫職，成為利茲與特斯克鐵道公司秘書（於一八四九年後改名利茲北部鐵道公司）	憲政運動者於倫敦舉行大會；愛爾蘭馬鈴薯饑荒爆發；迪斯列里出版《女預言家，或論兩個國家》（*Sybil, or the Two Nations*）
一八四六	於《郝威期刊》（*Howitt's Journal*）、《人民期刊》（*The People's Journal*）與《利茲快報》（*Leeds Mercury*）頻頻發	皮爾倡議廢止進口穀物稅的方法

一八四七	成為《奇朋怪友雜誌》（*The Odd-Fellows Magazine*）編輯（至一八五二年）	十小時工廠法案通過；夏綠蒂・白朗特（Charlotte Brontë）出版《簡愛》；愛蜜莉・白朗特（Emily Brontë）出版《咆哮山莊》
一八四八		法國革命；憲政運動者於肯辛頓議會示威；第三次請願遭拒；鐵路瘋不再；馬克斯與恩格斯出版《資本論》
一八四九	著《鐵道資產：條件與前景》（*Railway Property: its Conditions and Prospects*）；至下議院擔任建立免費公共圖書館委員會選舉；認識庫克（Eliza Cook）（並於接下來五年在《艾利沙・庫克期刊》（*Eliza Cook's Journal*）發表文章，篇數高達五百八十篇）；結識史蒂文生（Robert Stephenson）	自一八三〇年起，已挹注二億二千四百六十萬英鎊於不列顛鐵路建設

一八五〇	向下議院表達支持英格蘭與威爾斯民眾普遍教育的決心	
一八五一		萬國工業博覽會；第一次國家人口普查；反知識稅協會成立
一八五三		狄更斯出版《荒涼屋》（*Bleak House*）
一八五四	離開利茲北部鐵道公司，轉任東南鐵道公司秘書；移居倫敦布拉克希思區	
一八五五	路特李奇（Routledge & Co.）拒絕出版《自己拯救自己》手稿	
一八五六		克里米亞戰爭結束
一八五七	出版《喬治．史蒂文生傳》（*The Life of George Stephenson*）	
一八五八	為《當季論評》（*Quarterly Review*）發表數篇鐵道論文	
一八五九	出版《自己拯救自己》	達爾文出版《物種起源》（*The Origin of Species*）；約翰．彌爾出版《論自由》

一八六〇	出版《略傳》（*Brief Biographies*）	
一八六一	出版《工人的收入、危機與儲蓄》（*Workmen's Earnings, Strikes and Savings*）	
一八六二	出版《工程師列傳》（三卷）；格拉斯敦於閱讀後大感欽佩，開始向作者通信	
一八六三	出版《勤勉人物傳》（*Industrial Biography*）	
一八六五	出版《布爾頓與瓦特》（*Boulton and Watt*）	
一八六六	離開東南鐵道公司，轉任保險員	
一八六七	於哈德斯菲爾德發表論科技教育的演說；在都柏林對基督教青年協會演講預格諾派教義；至法國渡假；出版《預格諾派：在英格蘭與愛爾蘭的定居、教會與工作》（*The Huguenots: Their Settlements, Churches and Industries in England and Ireland*）	

一八六八	至法國南部渡假	
一八六九		愛爾蘭廢止聖公會；蘇伊士運河開通
一八七〇		已婚婦女財產法案通過；基本教育法案通過（英格蘭）
一八七一	至荷蘭北部、弗里西亞群島與斯德哥爾摩旅行；編輯出版《一個男孩的世界遊記》（*A Bay's Voyage Around the World*）；出版《品格的力量》（*Character*）；《品格的力量》出版後，義大利曼圖亞（Mantua）發行《品格》雜誌；因過度勞累而中風，導致失語症；辭去保險員一職	
一八七二		蘇格蘭教育法案通過

一八七三	開始繪畫，並至愛爾蘭西岸旅行；出版《南特詔議廢止後在法國的預格諾派》（*The Huguenots in France after the Revocation of the Edict of Nantes*）	
一八七四	出版《工程師列傳》（第二版、共五卷）；十一月女兒愛迪絲離世	
一八七五	從布拉克希思區移居肯辛頓區；出版《節儉》（以一八六〇年《當季論評》發表文稿〈工人的收入與儲蓄〉為藍本）；結識愛德華（Thomas Edward）	
一八七六	出版《湯瑪斯・愛德華：一位蘇格蘭自然學家的生平》（*Life of Scotch Naturalist: Thomas Edward*）	維多利亞宣示成為印度女帝
一八七七	至荷蘭旅行	

一八七八	出版《喬治・摩爾：商人與善人》（*George Moore, Merchant and Philanthropist*）；出版《羅柏・迪克：瑟索的麵包師——地質學家與植物學家》（*Robert Dick, Baker of Thurso, Geologist and Botanist*）	
一八七九	至法國及義大利渡假；結識數位名人，包括加里波底（Giuseppe Garibaldi）、首相卡伊羅利（Benedetto Cairoli），以及瑪格麗特皇后（Queen Margherita）	祖魯戰爭
一八八〇	出版《人生的職責》	第一次布爾戰爭
一九〇〇	二月妻子莎拉離世	
一九〇四	四月十六日辭世	

內容簡介

《自己拯救自己》，被譽為「美國夢的靈魂」和「個人奮鬥的精神目標」。在許多西方國家，這本書成了人們必讀的人生叢書之首，是對他們的生活與命運產生巨大影響的人生教科書。

當代許多自我修練成長的書籍與課程觀念，都源自於斯邁爾斯所倡導的自我成長理念。影響所及，包括現今紅極一時的「新世紀」、「正面思考」、「改變人生」等文類均受恩霑，甚至連著名脫口秀歐普拉（Oprah）也被拿來與他相較；斯邁爾斯因而被譽為催人奮發向上的「卡內基的精神導師」、「西方的成功學之父」。

本書出版於一八五九年，甫一出版，便受到歡迎，在社會各界引起了巨大迴響，更成為當年度文學作品代表，與彌爾的《論自由》（*On Liberty*）等經典著作齊頭並列。而後更被譯為荷蘭文、法文、德文、義大利文、日文、克羅埃西亞文、捷克文、阿拉伯文、土耳其文與數種印度方言等，於世界各地出版，不斷重刊。一九九一年在日本出版即發行達一百五十萬冊以上，改變了許多人的命運。

斯邁爾斯生活於十九世紀初與中葉，正值工業與資本主義發展方興未艾之時。當時，工業革命已為社會各方面帶來長足的進步，各行各業都蓬勃發展，中產階級急速竄起，斯邁爾斯肯定城市建設與機械科技的發展，卻也關注這些發展對人心的影響，擔心人們易於在這方興未艾的物質洪流中迷失方向。

他大聲疾呼人民品格應當如何形塑，強調中產階級所重視的勤勉努力與節儉獨立，儼然成為中產階級的最佳發言人。

他跟著歐文（Robert Owen）與哲學家彌爾（John Stuart Mill）的腳步，對保障個人自由基礎與社會穩固的核心價值極為重視。

《自己拯救自己》一書正是在這樣的背景下應運而生。

作者簡介

山繆爾．斯邁爾斯 Samuel Smiles（一八一二—一九〇四）

英國十九世紀偉大的道德學家，寫過許多膾炙人口的隨筆雜文，如《品格的力量》、《人生的職責》、《金錢與人生》等，在全球暢銷一百多年而不衰，改變無數人的生活觀，被喻為「西方的成功學之父」、「卡內基的精神導師」。

譯者簡介

邱振訓

台大哲學系博士生。主要研究領域為倫理學、斯賓諾莎哲學，另譯有《哈佛諾頓講座之大師與門徒》（立緒出版）。

羅洛．梅 Rollo May

愛與意志

生與死相反，
但是思考生命的意義
卻必須從死亡而來。

ISBN:978-957-0411-23-2
定價：380元

自由與命運：羅洛．梅經典

生命的意義除了接納無
可改變的環境，
並將之轉變為自己的創造外，
別無其他。
中時開卷版、自由時報副刊
書評推薦
ISBN:978-986-6513-93-0
定價：360元

創造的勇氣：羅洛．梅經典

若無勇氣，愛即將褪色，
然後淪為依賴。
如無勇氣，忠實亦難堅持，
然後變為妥協。

中時開卷版書評推薦
ISBN:978-986-6513-90-9
定價：230元

權力與無知

暴力就在此處，
就在常人的世界中，
在失敗者的狂烈哭聲中聽到
青澀少年只在重蹈歷史的覆轍。

ISBN:957-0411-82-1
定價：320元

哭喊神話

呈現在我們眼前的....
是一個朝向神話消解的世代。
佇立在過去事物的現代人，
必須瘋狂挖掘自己的根，
即便它是埋藏在太初
遠古的殘骸中。

ISBN:957-0411-71-6
定價：350元

焦慮的意義

焦慮無所不在，
我們在每個角落
幾乎都會碰到焦慮，
並以某種方式與之共處。

聯合報讀書人書評推薦
ISBN:978-986-7416-00-1
定價：420元

尤瑟夫．皮柏 Josef Pieper

二十世紀最重要的哲學著作之一

閒暇：一種靈魂的狀態 誠品好讀重量書評推薦

Leisure, The Basis of Culture
德國當代哲學大師經典名著

本書摧毀了20世紀工作至上的迷思，
顛覆當今世界對「閒暇」的觀念
閒暇是一種心靈的態度，
也是靈魂的一種狀態，
可以培養一個人對世界的關照能力。

ISBN:978-986-6513-09-1
定價：250元

國家圖書館出版品預行編目資料

自己拯救自己／山繆爾．斯邁爾斯(Samuel Smiles)著；邱振訓譯.二版.－新北市新店區：立緒文化，民 103.05

面； 公分（世界公民；34）

譯自：Self-Help

ISBN 978-986-360-003-9（平裝）

1.生活指導

177.2　　103008037

自己拯救自己 Self-Help

出版——立緒文化事業有限公司（於中華民國 84 年元月由郝碧蓮、鍾惠民創辦）
作者——山繆爾．斯邁爾斯(Samuel Smiles)
譯者——邱振訓

發行人——郝碧蓮
顧　問——鍾惠民

地址——新北市新店區中央六街 62 號 1 樓
電話——(02)2219-2173
傳真——(02)2219-4998
E-Mail Address: service@ncp.com.tw
網址：http://www.ncp.com.tw
劃撥帳號——1839142-0 號　立緒文化事業有限公司帳戶
行政院新聞局局版臺業字第 6426 號

總經銷——大和書報圖書股份有限公司
電話——(02)8990-2588
傳真——(02)2290-1658
地址——新北市新莊區五工五路 2 號
排版——伊甸社會福利基金會附設電腦排版
印刷——祥新印刷股份有限公司

法律顧問——敦旭法律事務所吳展旭律師

分類號碼——177.2
ISBN 978-986-360-003-9（平裝）
出版日期——中華民國 96 年 3 月初版　一刷
　　　　　中華民國 103 年 5 月二版　一刷

定價◎250 元